HEYNE KOCHBÜCHER

WOLFRAM SIEBECK

Wenn Madame den Deckel hebt

Ein Kochseminar der bürgerlichen französischen Küche

WILHELM HEYNE VERLAG
MÜNCHEN

Copyright ©1986 by Wilhelm Heyne Verlag
GmbH & Co. KG, München
Printed in Germany 1991
Umschlaggestaltung: Atelier Ingrid Schütz, München
Umschlagfoto: Fotostudio Teubner, Füssen
Innenfotos: Richard Stradtmann
Druck und Bindung: RMO-Druck, München

ISBN: 3-453-05047-9

Inhaltsverzeichnis

Vorwort

Wenn ich ohne langes Überlegen sagen müßte, welches Gericht ich für das typischste der französischen Küche halte, würde ich die Andouillette nennen. Gebraten, gegrillt oder geschmort, ist sie in allen französischen Provinzen auf den Speisekarten der einfachen Gasthäuser zu finden; jeder Charcutier von Nizza bis Paris, von Straßburg bis Bordeaux verkauft sie. Und so typisch französisch ist die Andouillette, daß sie nirgendwo sonst zur Landesküche gehört. Eine Andouillette ist eine Wurst, die aus kleingeschnittenen Därmen besteht. Sie gehört nicht zur Feinen Küche, nein, das gewiß nicht. Dennoch gibt es unzählige Gourmets, deren Mund verdächtig wässert, wenn von dieser Spezialität die Rede ist.

Unsere landläufige Vorstellung von französischer Küche geht in eine andere Richtung: Trüffel und Stopfleber, Lammrücken und Hechtklößchen, Hummer und Huhn mit Morcheln. Gewiß, diese Delikatessen gehören auch dazu. Aber so sehr französisch sind sie letzten Endes nicht. Auch in deutschen Kochbüchern stand schon vor hundert Jahren, was mit einem Hummer zu geschehen habe, damit er der Herrschaft gut schmecke; schon damals formten deutsche Köchinnen raffinierte Fischklößchen und präparierten aufwendige Lammrücken. Was die französische Küche von der deutschen unterscheidet, sind nicht so sehr die Rezepte. Es ist die Qualität der Produkte. (Welche Rolle die unterschiedliche Einstellung zum kulinarischen Genuß spielt, wie die Priorität, die Franzosen dem Essen geben, sich auf das Niveau ihrer Küche ausgewirkt hat, beziehungsweise welche Folgen die puritanische Angst vor dem Genuß für unsere Küche hatte, ist ein anderes Problem, das hier nicht weiter behandelt werden kann.) Seit einigen Jahren macht die Beschaffung der guten Produkte in vielen deutschen Städten keine Schwierigkeiten mehr. Was auf den Pariser Märkten angeboten wird, ist auch hier zu haben; nicht immer ganz so frisch und nicht überall, aber immerhin. In den besseren deutschen Restaurants, und das sind ja inzwischen gut zweihundert, wird so, oder so ähnlich, gekocht wie in den besseren französischen. Und wenn in Frankreich Kochkurse abgehalten werden, dann stehen dort deutsche Feinschmecker am Herd, Männer und Frauen, und blicken den Küchenchefs interessiert und kenntnisreich über die Schulter. Mit anderen Worten: deutsche Küche, französische Küche – für einen nicht mehr kleinen Teil der Bundesbürger, sicherlich aber für einen beträchtlichen Teil meiner Leser, gibt es da kaum noch einen Unterschied.

Dennoch haftet dem Begriff „französische Küche" etwas Exotisches an. Was und wie dort gekocht wird, so glauben viele, das ließe sich nicht auf deutsche Haushaltungen übertragen. Dazu ist zunächst zu sagen, daß auch in französischen Haushaltungen nicht so gekocht wird wie in den berühmten Restaurants. Zu Hause geht es in Frankreich ebenso handfest zu wie bei uns – allerdings auf einem höheren Niveau. Eine französische Hausfrau kauft die Gemüse zum Sonntagsbraten eben nicht schon am Freitag ein, sondern am Sonntagmorgen. (Auch ein Ladenschlußgesetz hat Einfluß auf die Küche einer Nation!) Für sie ist Butter nicht gleich Butter, sie wählt sorgfältig zwischen den zahlreichen Qualitäten, die ihr angeboten werden. (Auch die Produktionsbreite der Landwirtschaft hat Einfluß auf die Qualität des Essens!) Und das Fleisch zum Braten, das Huhn, das sie in einer Rotweinsauce serviert, die Tauben, Kaninchen, Innereien – all diese von Monsieur so geschätzten Dinge weiß die Französin dort zu kaufen, wo sie in bester Qualität zu haben sind. Das bedeutet, daß sie um die ja auch in Frankreich marktbeherrschenden Großmärkte einen Bogen macht. Sie kauft auch die Brötchen nicht beim nächsten Bäcker, sondern beim besten; alles Selbstverständlichkeiten für Zeitgenossen, die das Essen genau so wichtig nehmen wie das Auto oder die Selbstverwirklichung.

Wie das nun im einzelnen aussieht, wonach Monsieur so giert, das soll das Thema der folgenden Seiten sein: die französische Küche der anspruchsvollen Hausfrau. Nicht die Kunstwerke der Profis werden beschrieben, sondern Feinschmeckers Lieblingsküche.

Beschrieben werden Rezepte, die typisch sind für eine bestimmte Provinz. Deshalb stammen die Hühnerrezepte aus der Bresse; von den bretonischen Hausfrauen ist zu erfahren, wie man Hummer kocht; Rotwein spielt in der Küche des Burgund eine große Rolle; und der Gugelhupf kommt zusammen mit dem Gewürztraminer, der so gut dazu schmeckt, aus dem Elsaß. Nicht alle Rezepte sind bis ins letzte Detail original. Wo es mir sinnvoll erschien – sei es wegen aufwendiger Zutaten (Trüffel), sei es wegen der Schwierigkeit, gewisse Produkte (Mittelmeerfische) in benötigter Auswahl zu bekommen – habe ich kleine Änderungen vorgenommen, die es ermöglichen müßten, daß ein Gericht auch an deutschen Tischen in „französischer" Qualität serviert werden kann. Schließlich wird auch beschrieben, was es mit der eingangs erwähnten Andouillette auf sich hat, und wie es eine mutige Hausfrau anstellen muß, damit, wie bei unseren französischen Nachbarn, das Transzendente in die Küche vordringt: Wenn Madame den Deckel hebt, Monsieur im siebten Himmel schwebt!

Verlorene Eier
in Rotwein

Oeufs en Meurette

Eier in Rotweinsauce sind ein Standardgericht der Küche Burgunds und des Beaujolais und eigentlich eine recht einfache Sache, sofern die Köchin weiß, wie sie ein verlorenes Ei (Oeuf poché) zuzubereiten hat. Wenn man allerdings feststellt, wie unterschiedlich diese Eier in den verschiedenen Gasthäusern schmecken, wird man seine Meinung korrigieren: So einfach scheint das nun auch wieder nicht zu sein.

Tatsächlich hängt hier wieder einmal alles vom Qualitätsbewußtsein der Madame ab. Rotwein ist schließlich nicht gleich Rotwein, und es macht einen Unterschied, ob sie die Rotweinsauce in fünfzehn Minuten fertig hat oder ob sie sich dafür mehr Zeit läßt.

Es ist auch nicht egal, ob die Eier in Bouillon pochiert werden, wodurch sie schön weiß bleiben, oder direkt in der Rotweinsauce, wonach sie zwar aussehen, als wären sie in Tinte gefallen, aber viel besser schmecken.

Zunächst bereitet man die Sauce zu. Mein Lieblingskoch des Beaujolais, Gérard Cortembert von der Auberge du Cep in Fleurie, kocht immer gleich zehn Liter auf einmal, weil sich die Sauce sehr gut aufheben läßt.

Auch wo weniger benötigt wird als in einem 2-Sterne-Restaurant, läßt sich also ein gewisser Vorrat schaffen. Die Sauce wird auch Sauce Beaujolais genannt, weil der dazu verwendete Wein traditionellerweise ein Beaujolais ist. Bei Cortembert allerdings nur zur Hälfte; für den Rest nimmt er einen Côte-du-Rhône, welcher kräftiger ist und mehr Säure hat.

Die Zutaten

2 Eier pro Portion
1 Flasche Rotwein
(Beaujolais, Burgunder, Côte-du-Rhône)
2 Zwiebeln
2 Karotten
2 Stangen Lauch (nur das Weiße)
Weißbrot, Butter
150 g durchwachsener, geräucherter Brustspeck
ohne Knorpel
3 Knoblauchzehen
3 Gewürznelken
½ TL Zucker
1 Tasse Kalbsbrühe
Thymian, Lorbeerblatt, Petersilie

Lauch, Zwiebeln und Karotten in dünne Scheiben bzw. Ringe schneiden, in Butter leicht angehen lassen. Rotwein und Kalbsbrühe aufgießen. Mit den Gewürzen und dem Zucker 40 Minuten ohne Deckel köcheln lassen, salzen und pfeffern.

Durch ein Sieb abgießen. Die Sauce ist vielleicht schon schr lecker, sicher aber zu dünn. Deshalb nimmt Madame jetzt mit Mehl verknetete Butter und rührt sie ein. Ich nehme statt dessen 3 Eßlöffel dick eingekochten Kalbsfond. Was ihren Geschmack angeht, so sorgen die Säure des Weins, die Süßlichkeit der Zwiebeln sowie die Nelken für ein zunächst zwar deftiges, bei genauem Hinschmecken aber doch recht feines und originelles Aroma.

Während die Sauce köchelte, habe ich den Speck in dünne, 2 cm lange Streifen geschnitten und in einer Pfanne in Butter angebraten, so daß sie Fett ausgelassen haben und leicht knusprig geworden sind. Auf Küchenkrepp legen, damit sie noch ›magerer‹ werden. Gleichzeitig röste ich entrindete Weißbrotscheiben von beiden Seiten in Butter und reibe sie mit Knoblauch ein.

Jetzt pochiere ich die Eier. Diese müssen unbedingt ganz frisch und dürfen nicht gekühlt sein; beides ist für das Gelingen entscheidend! Ich schlage ein Ei entweder direkt über der Oberfläche der köchelnden Weinsauce auf und lasse es hineingleiten, oder ich wähle den Umweg über eine Tasse oder Suppenkelle. Von dort aus das Ei dann vorsichtig in die Sauce rutschen lassen. 4 Minuten pochieren und fertig. Das Eigelb soll wachsweich sein, also weder flüssig noch hart.

Die hier angegebene Saucenmenge ist gerade groß genug, um zwei oder drei Eier aufzunehmen, ohne daß sie im Topf kollidieren. Wenn sie gar sind, hebe ich sie mit dem Schaumlöffel aus der Sauce und stelle sie in einem Suppenteller warm, während ich die nächste Portion pochiere. (Pro Person rechne ich 2 Eier.) Ich lege je eine Brotscheibe in einen tiefen Teller (oder zwei, wenn sie klein sind), setze zwei pochierte Eier darauf und dekoriere mit 1 Eßlöffel der gebratenen Speckstreifen. In die heiße Sauce schlage ich mit dem Schneebesen 80 Gramm gekühlte Butterstücke und gieße sie über die Eier in die Teller. Mit gehackter Petersilie bestreuen. Im Frühsommer, wenn Perlzwiebeln auf dem Markt sind, benutze ich sie als delikate Bereicherung der Oeufs en Meurette: Pro Ei 4 Zwiebelchen enthäuten, in Butter etwas angehen lassen, mit leicht gesalzenem Wasser, dem 2 Eßlöffel Weinessig zugegeben wurde, aufgießen und ungefähr 15 bis 20 Minuten ohne Deckel garen lassen. Danach sollte das Wasser fast verkocht sein, andernfalls auf großer Flamme reduzieren. Dabei die Zwiebeln mit einer Prise Zucker bestreuen und glasieren. Warm stellen und mit den Speckstreifen in die Teller geben.

Der Wein, der dazu getrunken wird, sollte der gleiche sein, aus dem die Sauce besteht – oder besser.

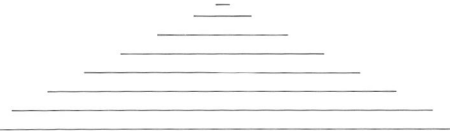

Geflügel-
lebermus

Mousse de foie
de volaille

Wo so viele Hühner gezüchtet werden wie in der Bresse, beherrschen Hühnerrezepte verständlicherweise die regionale Küche. Ein schönes Beispiel dafür ist die kalte Geflügellebermus, welche in vielen Restaurants als besondere Delikatesse angeboten wird, letzten Endes aber eine unproblematische Angelegenheit ist, die auch in der Privatküche als Vorspeise beliebt ist.
Unproblematisch in der Herstellung, gewiß; der deutsche Konsument muß jedoch mit einer Schwierigkeit rechnen: die Qualität der Hühnerlebern! Was bei uns recht preiswert als Hühnerleber verkauft wird, sind kleine, dunkle Lebern (von Brathähnchen), und die sind nun leider die schlechteste Wahl bei dieser zarten Vorspeise. Groß und hellbraun sollten die Lebern sein, wie die von Suppenhühnern. Oder eben die der Bresse-Hühner.
Nun heißt diese Vorspeise ›Geflügellebermus‹ und nicht ›Hühnerlebermus‹. Das bedeutet, daß hier auch (oder ausschließlich) Enten- und Gänselebern verarbeitet werden können, was die Qualität der Mus sogar verbessert.
In der Bresse mischt man gern, und zwar (für 4 Personen):

8 helle Hühnerlebern
150 g Fettleber von der Ente oder der Gans
65 g Butter
200 g crème fraîche
1 EL Cognac
1 EL Portwein
Salz, weißer Pfeffer

Es geht natürlich auch ohne die in Frankreich unvermeidliche Fettleber. Etwas mehr crème fraîche verhilft diesem Gericht dann auch zu einer schönen Delikatesse, obgleich die Qualität einer Stopfleber durch nichts ersetzt werden kann.

Wichtig ist zunächst, die Lebern von allen Sehnen zu säubern. Bei der späteren Pürierung im Mixer (oder mit dem Mixstab) lösen die sich keineswegs auf. Deshalb ist zusätzlich das Haarsieb zu empfehlen, auch wenn es mehr Mühe macht. Doch bis es soweit ist, geschieht folgendes:

Die gesäuberten Lebern werden in der Butter auf sehr schwachem Feuer angebraten, besser: angedünstet. Sie dürfen auf keinen Fall braun und hart werden, und schon gar nicht dürfen die Lebern durchgaren, dann sind sie nämlich bereits trocken. Nach nur sehr kurzer Zeit also herausnehmen und in den Mixer geben. Den Bratensatz in der Pfanne mit dem Cognac und dem Portwein ablöschen und über die Lebern gießen. Die crème fraîche hinzufügen und pürieren. Anschließend die pürierte Masse durch ein Haarsieb streichen. Dazu eignet sich ein flaches Bäckersieb besser als die halbrunden Haushaltssiebe. Mit Salz und Pfeffer abschmecken, in eine Porzellanterrine füllen und in den Kühlschrank stellen. Steif werden lassen und mit einem Suppenlöffel Portionen ausstechen.

Auch wenn sie im Prinzip immer nach dem gleichen Rezept gemacht wird, schmeckt diese Vorspeise überall verschieden. Das liegt an der Qualität und Menge des Alkohols, an den Lebern selbst, dem Grad ihrer Verbrennung in der Pfanne, und schließlich nehmen die Hausfrauen der Bresse statt der crème fraîche gern die mächtigere crème double, die bei uns immer noch Seltenheitswert hat. Ein Teelöffel Tomatenpüree in der Masse oder ein ungewöhnliches Gewürz – eine mousse de foie de volaille ist für den experimentierfreudigen Koch genau das Richtige.

Auch der Weinliebhaber hat die Möglichkeit, anstelle des üblichen Macon Blanc ausgefallenere Weißweine auszuprobieren. Der zurückhaltende Geschmack der Geflügellebermus verlangt nicht zwingend nach einer bestimmten Sorte.

Glasiertes
Zwiebelgemüse

Die Zwiebel ist wahrlich kein Stützpfeiler der französischen Küche. Wo sie bei uns die Salate belästigt, die Saucen vergröbert und den Magen beschwert, dort nimmt die französische Hausfrau Schalotten. Diese elegantere und delikatere Zwiebelsorte hat sich inzwischen auch bei uns eingebürgert. Die berühmte Pariser Zwiebelsuppe ist ihren Ruhm ebenso wenig wert, wie unsere schwäbischen Zwiebelkuchen den Kulinar-Patriotismus der Schwaben rechtfertigen.

Ich kenne nur eine Version, in der die Tränenknolle unerwarteten Genuß vermittelt. Der ist dann allerdings – für meinen Geschmack – schier überwältigend.

Es handelt sich um eine Gemüsebeilage der französischen Küche, welche von Region zu Region wohl

verschieden gewürzt wird, im Prinzip aber auf der wundervollen Kombination von Zwiebeln, Essig und Zucker basiert.

Als Beilage zu jeder Art von gebratener Leber, einschließlich der foie gras, aber auch zu Hasenrücken, Rehpfeffer und dergleichen, sind glasierte Zwiebeln unübertrefflich. Ihr vollständiger Name müßte lauten: glasierte Safran-Zwiebeln süß-sauer. Das klingt fast chinesisch, bezeichnet aber weniger den Geschmack als die Zutaten:

Pro Person 1 dicke Zwiebel. Da dick nicht gleich dick ist, muß das spezifiziert werden: so dick wie ein mittlerer Apfel, also nicht ganz so groß wie ein Tennisball. Rund sollen sie sein; es ist aber auch möglich, daß längliche und kleine Zwiebeln das gleiche Resultat bringen. Weil es nämlich so viele Zwiebelsorten gibt, daß jemand wie ich, der sowieso nur Schalotten nimmt, sich da nicht auskennt. Nur eines dürfen die Zwiebeln nicht: Sie dürfen nicht zu der bitteren, stinkenden und tränentreibenden Sorte gehören.

Diese Zwiebeln werden geschält, halbiert und in *sehr* dünne Scheiben geschnitten, welche entweder sofort oder bei der späteren Verarbeitung in die gewünschten kleinen Streifen zerfallen. Da Zwiebeln beim Kochen stark aufgehen (wie Eiernudeln), schneide ich sie so dünn wie nur möglich. Wer da nicht das richtige Messer hat ...

In einem Schmortopf oder in einer großen Pfanne mit schwerem Boden lasse ich (bei 3 Zwiebeln) einen gehäuften Eßlöffel Butter aus und darin die Zwiebeln anschwitzen, aber nicht braun werden. Ich salze, pfeffere wenig aus der Mühle, gebe 1 Eßlöffel Zucker hinzu und rühre. Dann 2 Eßlöffel Estragonessig, ebenso viel trockener Weißwein. Die Zwiebeln sollten nicht von Flüssigkeit bedeckt sein, aber auch nicht im Halbtrokkenen liegen. Deshalb eventuell noch etwas Wasser hinein. Eine Prise Thymianblüten. Deckel drauf und gar köcheln lassen. Das kann, je nach Zwiebelsorte und -alter, 1 Stunde dauern, aber auch 20 Minuten länger, das läßt sich nicht vorhersagen.

Was sich voraussagen läßt ist dies: Technisch gesehen ist dieses Zwiebelgemüse ein Kinderspiel. Aber das, worauf es ankommt, nämlich den Zwiebeln den richtigen Geschmack zu geben, erfordert mehr als die Fähigkeit eines Kindes, nämlich die Erfahrung einer anspruchsvollen Zunge. Wieviel Salz, wieviel Essig; wie süß, wie pfeffrig: das entscheide ich allein beim Abschmecken. Und deshalb handelt es sich bei diesem simplen Zwiebelgemüse in Wahrheit um eine ziemlich komplizierte Angelegenheit, die nicht zwangsläufig zur Delikatesse gerät!

Wer da nicht den Mut besitzt und im Zweifelsfall noch mehr Essig angießt, als er zunächst für nötig hält, wer da beim Salzen oder Zuckern zögert, der hat am Ende doch wieder nur weichgekochte Zwiebeln im Topf, ohne Pfiff und ohne die Wirkung, die ein Feinschmecker eine Sensation zu nennen pflegt! Glücklicherweise kann während der Garzeit ständig nachgewürzt werden, und solange ich nicht verzückt die Augen verdrehe, ist das auch notwendig.

Sind sie dann gar – nicht zerkocht, versteht sich, aber auch nicht mehr mit dem al-dente-Biß der Nouvelle Cuisine –, nehme ich den Deckel ab und lasse die Flüssigkeit verkochen. Bei 3 Zwiebeln kommt jetzt

(und das ist bisher nur mir eingefallen, wie ich glaube) eine Messerspitze Safranpulver hinzu. Gut verrühren, nochmals abschmecken (alles kann noch ergänzt werden; wenn es nur gut schmeckt und nicht unglaublich gut, ist das Gemüse noch nicht perfekt!) und soweit glasieren lassen, daß die Zwiebelstreifen wie mit einem feuchten Film überzogen sind. Möglicherweise muß jetzt noch eine Prise Zucker ans Gemüse.

Bei der Safranmenge heißt es aufpassen. Hellgelb dürfen sie werden, die Zwiebelchen, aber nicht dunkelgelb. Schließlich handelt es sich hier nicht um ein orientalisches Dessert, sondern um eine Beilage der mitteleuropäischen Küche. Es ist also ständig die überwachende Intelligenz der Köchin gefragt, damit sich hier das kleine Wunder ereignet, das ich erwarte. Wenn sie fertig sind, sollen die Zwiebeln deutlich süß-sauer schmecken, auch vom Pfeffer muß nicht nur ein Hauch zu spüren sein, während der Thymian mehr erahnt als erschmeckt wird und der exotische Safran sich durch Diskretion auszeichnet.

Nie schmeckt eine gebratene Kalbsleber so gut wie mit diesen Zwiebeln. Und wer sie zur gebratenen Blutwurst (ohne Speckstücke!) serviert, weiß auch, was gut ist.

Version II: Das gleiche, mit Rotwein, Rotweinessig, aber ohne Safran. Paßt wunderbar zu weißem Fleisch wie Hühnerbrust etc., aber auch zu Ente oder Gänsebraten.

Version III: Die dritte Version ist kalt und fürs Picknick oder als sommerliche Vorspeise geeignet. Sie basiert auf der Weißwein-Safran-Variante. Doch statt Butter nehme ich Olivenöl, anstelle des Estragonessigs den vom Sherry. Ich pfeffere zusätzlich mit kleingehacktem frischem Ingwer und gebe noch 1 Teelöffel Korianderkörner hinzu. Mehr nicht. Aber das Ergebnis ist wieder verblüffend – verblüffend lecker.

Ein bißchen schwierig ist es nur mit dem dazu passenden Wein. Da die Zwiebeln stark aromatisch sind, andererseits das jeweilige Fleisch bestimmte Weinsorten verlangt, kann es hier zu Komplikationen kommen. Für den Weinkenner mag das eine schöne Herausforderung sein. Aber wer sonst hat schon einen Cahors oder einen Hermitage (beide rot) im Keller; wer traut sich, einen Vin jaune aus dem Jura dazu zu servieren? Mit einer kräftigen, aber trockenen Ruländer Spätlese werden Weißweintrinker am besten zurechtkommen.

Provençalisches Gemüsegratin

Die Asketen aller Klassen haben es geschafft, den Begriff Genuß in die Nachbarschaft der Sünde zu rücken, was automatisch dazu geführt hat, daß auch die Reue einen breiten Raum in der Vorstellungswelt der Entsagungsapostel einnimmt. Wer genießt, wird es bereuen! – drohen sie.

Es ist was dran an der Reue. Eine Woche nur 3-Sterne-Küche – und ich stürze mich reumütig auf ein Irish-Stew; nach einem ausgedehnten Streifzug durch die lyonnaiser Gastronomie werde ich für ein, zwei Tage zum Vegetarier. Das hat zwar nichts mit Reue zu tun, viel aber mit der Abwechslung, nach der nicht nur die Sinne verlangen, sondern auch der Magen.

Grundlage des folgenden Gemüsegratins sind Kartoffeln; Grundlage aber nur im wörtlichen Sinn: sie liegen auf dem Grund der Gratinform. Im übrigen sind es die bunten Gemüse, die dem Gratin Geschmack und Charakter geben. Und beide sind eindeutig südlicher Provenienz; denn die Zutaten bestehen, neben den Kartoffeln, aus Zucchini, Aubergine, Paprika, Tomaten, Schalotten und Knoblauch sowie Thymian und Olivenöl.

Bei einer solchen Aufzählung läßt so mancher entmutigt den Löffel sinken: Ja, wenn unsere Tomaten so schmeckten wie die im Süden! Ja, wenn. Manchmal tun sie es sogar. Aber daran wird dieses Gemüsegratin nicht scheitern. Auch in Südfrankreich schmecken die Tomaten zeitweise nicht anders als die in München, auch die dortigen Auberginen stammen, wie die in Heidelberg, oft aus spanischen Treibhäusern, oder wer weiß woher. Trotzdem handelt es sich um ein ungemein aromatisches Gratin, dessen mediterrane Herkunft sich eindeutig und appetitanregend bemerkbar macht. Und dessen

Leichtigkeit ein Problem sein kann, wenn mehr als zwei, drei Personen davon satt werden sollen. Denn man überschätzt den Gemüseberg, den man da zubereitet; ich habe jedes Mal zu wenig gekocht, viel zu wenig. Weil dieses Gratin nicht nur leicht ist, sondern auch lecker, sehr lecker! Für zwei Personen, höchstens drei, brauche ich:

3 große Kartoffeln
1 große, rote Paprika
1 Aubergine
1 ½ nicht zu kleine Zucchini
4 Schalotten
3 Knoblauchzehen
3 große Fleischtomaten
Thymian, Olivenöl, Salz
schwarze und weiße Pfefferkörner

Die Gratinform wird eingeölt. Die Kartoffeln schälen und in Scheiben schneiden, welche dicker sind, als sonst bei einem Kartoffelgratin üblich. Halbmehlige oder festkochende eignen sich besser als mehlige. Die Scheiben ziegelartig auf den Boden der Form legen, salzen und mit Thymian bestreuen (vorher zerreiben).
Die folgenden Gemüse werden nicht geschält, aber gründlich gewaschen und danach klein geschnitten. Das heißt in mundgerechte Stücke. Die Zucchini also in Scheiben; die Aubergine ebenfalls in Scheiben, die dann aber weiter zerschnitten werden; das rote Paprikafleisch in nicht zu kleine Stücke. Schalotten und Knoblauch (beide vorher schälen!) in dünne Scheiben schneiden und alles miteinander vermischen.

Was den Geschmack der einzelnen Bestandteile angeht, so gibt es eigentlich nur bei den Tomaten große Unterschiede. Ich nehme Fleischtomaten und gehe damit auf Nummer sicher. Denn wenn ihr Geschmack auch nicht überwältigend ist, so sind sie doch nicht so feucht wie die kleineren Sorten. Diese haben zwar im Hochsommer ein unvergleichlich stärkeres Aroma, bringen aber durch ihren Saft neue Probleme.

Und da der Hochsommer kurz ist, die Treibhauszeit aber lang, nehme ich Fleischtomaten. Ich enthäute sie (20 Sekunden im kochenden Wasser) und schneide sie in Scheiben.

Doch zunächst lege ich die Hälfte des zerschnittenen Gemüses auf die Kartoffelscheiben und würze sie. Das ist der Moment, auf den es ankommt. Denn vom Würzen hängt es ab, ob die einzelnen Gemüse – und damit mein Gratin – hinterher Delikatesse haben, oder ob da nur ein Eintopf entsteht, von dem man bestenfalls sagen kann, daß er gesund schmecke. Also die Pfefferkörner im Mörser grob schroten und mit der richtigen Menge Salz und Thymian auf das Gemüse streuen. Einige Tropfen Olivenöl dazu, die restlichen Gemüse darauflegen und wieder würzen.

Dieses zweimalige Würzen ist sicherer, als wenn ich die relativ große Menge kleingeschnittener Gemüse nur einmal mit Salz, Pfeffer und Thymian bestreue; auch wenn ich dann mehr nehmen würde. Man kriegt die kleinere Menge besser in den Griff, hat eine bessere Übersicht.

Ja, und oben auf das Ganze lege ich dicht an dicht die Tomatenscheiben. Und salze wieder, und zum letzten Mal würze ich mit einer Prise Thymian. Dann schiebe ich die Form in die Mitte des auf 200 Grad vorgeheizten Ofens, schalte die Hitze etwas herunter und warte zirka 1 Stunde.

Wenn es beim Kochen eine unverbindliche Anweisung gibt, dann ist es die Temperaturangabe für den Backofen. Wer jemals hintereinander in verschiedenen Öfen geschmort und gebraten hat, der weiß, wie wenig es bedeutet, wenn ein Rezept 150, 180 oder 200 Grad Hitze vorschreibt. Wo der eine Ofen bereits eine sehr wirksame Hitze entwickelt, läßt der andere den Braten noch fast kalt.

Im vorliegenden Fall muß die Hitze so reguliert werden, daß die Tomatenscheiben nicht austrocknen oder gar verbrennen; gar wird das Ganze in jedem Fall. Ich probiere immer erst einmal, bevor ich die Form, so wie sie aus dem Ofen kommt, auf den Tisch stelle. Dort steht auch ein Kännchen mit aromatischem Olivenöl (erste Pressung, kalt geschlagen), aus dem ich mir etwas über das Gemüse auf dem Teller gieße; ansonsten gibt es nur Weißbrot. Geriebener Parmesan, der hier zwar kein Stilbruch wäre, sollte nur im Notfall darüber gestreut werden, und der tritt ein, wenn mein Gratin trotz aller Sorgfalt nicht genug gesalzen ist. Aber sonst: Welche Frische! Welches Parfüm! Welcher Wohlgeschmack! Und – Achtung! – heiß, sehr heiß ist es auch.

Baskische
Gemüsepfanne
Pipérade

Ob als Beilage zu einem Stück Fleisch oder als selbständiges, sättigendes Gericht, der Wohlgeschmack dieser Gemüsepfanne steht und fällt mit der Qualität der Zwiebeln und Tomaten. Dient sie als Beilage, kann auf die Eier verzichtet werden. Für 4 Personen brauche ich:

2 grüne Paprikaschoten
2 rote Paprikaschoten
500 g Tomaten
3 Zweige frischer Thymian
oder 1 Handvoll Basilikum
1 Tasse in Scheiben geschnittene Frühlingszwiebeln
Olivenöl, Salz, schwarzer Pfeffer
6 Eier, Butter

Die Paprikaschoten halbiere ich, entferne das Weiße und die Kerne und schneide sie in kurze Streifen. Die Tomaten in heißem Wasser überbrühen, enthäuten, halbieren, Saft und Kerne ausdrücken und in grobe Stücke schneiden. Zwiebeln und Knoblauch enthäuten, fein hacken und mehrere Minuten im heißen Olivenöl angehen lassen, ohne daß sie braun werden. Die Paprikastücke hinzugeben und nach kurzer Zeit auch die Tomaten. Mit Thymian, Salz und Pfeffer würzen und zugedeckt zirka 10 Minuten garen lassen. Die Pfanne, in der das geschieht, muß so groß sein, daß die Gemüse nicht hoch übereinander liegen müssen. Sie würden sonst zuviel Wasser ziehen, der Eintopf würde zu suppig.
Währenddessen die Eier miteinander verquirlen. In einer zweiten Pfanne Butter heiß werden lassen und die Eier hineinschütten. Sobald sie zu stocken beginnen, mit der Gabel einmal gut durchrühren und sofort das

fertige Gemüse hineingeben. Kurz erhitzen, bis die Eier die Konsistenz von Rührei erreicht haben.

Mit Brot serviert und einem leichten, trockenen Weißwein (es muß nicht unbedingt ein Jurançon sein, wie er im Baskenland getrunken wird), ist die Pipérade ein frisches, sommerliches Gericht der einfachen Küche. Wenn das Wetter kühl oder Monsieur sehr hungrig ist, reichert Madame die Gemüsepfanne an, indem sie nicht zu dünne Schinkenstückchen in Butter brät und über das fertige Gemüse streut.

Wenn Basilikum als Gewürz verwendet wird: Mit der Schere nicht zu klein schneiden und erst unmittelbar vor dem Servieren untermischen.

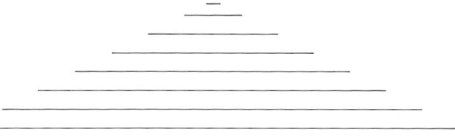

Kartoffelgratin
nach Art
der Bergbauern

Gratin savoyarde

Wenn ein Gericht der französischen Küche als *à la savoyarde* bezeichnet wird, kann man sicher sein, daß es mit Hartkäse zubereitet wurde. Savoyen ist, wie der Allgäu, wie Oberbayern, eine Voralpenlandschaft, deren wichtigste Produkte von der Kuh stammen. Also Sahne und Käse. Der bekannteste Hartkäse Savoyens ist der Beaufort. Er ähnelt dem schweizerischen Gruyère, ist jedoch nicht ganz so rassig. Verwendung findet er unter anderem im *gratin savoyarde.*

Es handelt sich dabei um eine angereicherte Version des als *gratin dauphinois* bekannten einfachen, aber leckeren Kartoffelgratins, das als Beilage zu vielen Fleischgerichten dem Fleisch nicht selten die Schau stiehlt. Für 6 Personen brauche ich:

1 kg Kartoffeln, halbfestkochende Sorte
¼ l Sahne
300 g Gruyère, gerieben
Butter, Muskat, Pfeffer, Knoblauch, Salz

Eine feuerfeste Gratinform, vorzugsweise aus emailliertem Gußeisen, reibe ich mit einer angeschnittenen Knoblauchzehe aus. Die Form wird sodann ausgebuttert. Die Kartoffeln habe ich geschält, abgetrocknet, auf dem Gemüsehobel in 3 mm dünne Scheiben geschnitten und schichtweise in die Form gelegt.

Jede einzelne Schicht – insgesamt nicht mehr als drei! – wird gesalzen, gepfeffert, mit Muskat gewürzt und mit geriebenem Gruyère bestreut. Auch die oberste Kartoffelschicht, aber sie bekommt eine extra dicke Käseschicht. Dann gieße ich vorsichtig so viel Sahne in die Form, daß die Kartoffeln fast, aber nicht ganz bedeckt sind; ¼ Liter ist meistens ausreichend.

Auf die oberste Schicht Käse setze ich einige Butterflöckchen und schiebe das Ganze in das untere Drittel des vorgeheizten Backofens. Bei 180 Grad zirka 50 Minuten backen lassen. Sollte der Käse an der Oberfläche frühzeitig braun werden, decke ich die Form mit Alufolie ab.

So einfach dieses Kartoffelgratin auch ist, bedarf es doch einiger Erfahrung beim Würzen. Denn über den Wohlgeschmack entscheidet allein die Art und Weise, wie ich mit Salz, Pfeffer und Muskat umgehe. Zu zaghaft gewürzt, und das Gratin schmeckt nichtssagend, was sogar in den besten Restaurantküchen passiert. (Merkwürdigerweise habe ich noch nie ein überwürztes Kartoffelgratin erlebt.) Dabei spielt auch die Qualität des Käses eine große Rolle. Gehört er zu den marktbeherrschenden Gummikäsen ohne Aroma, ist es ratsam, ihn mit geriebenem Parmesan zu vermischen, damit er überhaupt Geschmack hat; oder er muß extra gesalzen werden.

Das *gratin savoyarde* ist nicht nur eine wunderbare Beilage zu saucenarmen Fleischstücken. Sogar ohne Fleisch, nur mit Salat gegessen, ist es eine herzerfrischende Hauptmahlzeit, die sich durch eine Einlage von Steinpilzen noch verfeinern läßt und zu einem selbständigen Gericht von großer Delikatesse wird:

Frische Steinpilze putzen und in Scheiben schneiden. Eine feingehackte Schalotte in Butter glasig werden lassen, die Pilze dazugeben und nur kurz braten lassen. Mit Salz, Pfeffer und Zitronensaft würzen und mit gehackter Petersilie vermischen. Die fast garen Pilze werden zwischen zwei Kartoffelschichten gefüllt und das Gratin danach, wie beschrieben, im Ofen gebacken.

Mindestens so lecker, vielleicht sogar aromatischer, sind getrocknete Morcheln. Allerdings ist der Aufwand groß, weil die Morcheln lange eingeweicht, gründlich gewaschen und sehr sorgfältig gedünstet werden müssen (siehe Seite 89). Die fertigen Morcheln werden ohne ihre Sauce ins Gratin eingelegt, und statt Sahne nehme ich als Flüssigkeit jetzt eine kräftige Kalbsbrühe. Denn wenn sie auch ohne Sauce sind, so haben sie sich doch mit dieser vollgesogen, und das ist Sahne genug.

Der weiße Crepy vom Südufer des Genfer Sees paßt gut zu den Morcheln-Kartoffeln, aber auch die, ebenfalls aus der Gutedel-Traube (Chasselas) gekelterten, westschweizer Weine.

Fischklöße
auf Chicorée
mit Safransabayon

Als die Nouvelle Cuisine aufkam, verschwand der Fischkloß von den Speisekarten. Unter Fischkloß verstand und versteht man zunächst einmal einen Kloß aus Hechtfleisch: *Quenelle de brochet*. Als klassisches Gericht der Lyoneser Küche entspricht er tatsächlich kaum unseren Vorstellungen von einem leichten Essen. Sogar in neueren Kochbüchern kann man nachlesen, warum das so ist: Er besteht zu einem guten Teil aus einer Panade, einem Mehlpapp also. Damit er besser zusammenhält, heißt es.

Ich vermute: damit er besser sättigt. Denn er hält auch ohne Mehl zusammen; nicht einmal ein Anfänger hat Schwierigkeiten mit einem Fischkloß. Dessen einzige Extravaganz besteht in der Fischsorte. Hechte sind nicht gerade alltäglich und somit auch nicht billig.

Deshalb ist mein Fischkloß nicht vom Hecht, sondern vom Rotbarsch. Rotbarschfilets gib es überall, sie sind preiswert und, weil es sich um Filets handelt, bereits vorbereitet. Meistens allerdings nicht so gründlich, wie ich es möchte. Denn auch kleine Reste der silbergrauen Haut sind für Klößchen hinderlich und unerwünscht. Deshalb muß ich mit einem scharfen Messer noch nachhelfen.

Ich kann die Hautreste aber auch dran lassen, wenn ich die pürierte Masse hinterher durch ein Haarsieb streiche. Aber irgendwie ist mir die dadurch noch feiner werdende Struktur der Klöße schon zu fein; ich mag die etwas grobere Konsistenz lieber als die schaumigen Exemplare der Kochartisten. Außerdem ist die Arbeit des Durchpassierens ziemlich mühsam.

Es gibt mehrere Möglichkeiten, aus Fisch, Ei und Sahne etwas Feines zu machen. Der Unterschied besteht in der

Menge der Eier. Das beginnt mit der Magerversion, wo auf 250 Gramm Fischfleisch nur 1 Eiweiß kommt, und endet bei einem ganzen Ei pro 100 Gramm.

Ich entscheide mich für 1 Eiweiß auf 200 Gramm, weil dadurch die Klößchen lockerer werden und der Fischgeschmack besser erhalten bleibt, als wenn er mit Eigelb zugedeckt würde.

Außerdem serviere ich meine Klößchen ja mit einem Chicoréegemüse und einer kräftigen Safransauce. Es ist also gar nicht wünschenswert, daß die Klößchen allein schon satt machen.

Für 4 Personen brauche ich:

400 g Rotbarschfilet
2 Eiweiß
4 EL Sahne
Muskat, Cayennepfeffer, Salz

Die Filets werden auf eventuell noch vorhandene Gräten abgetastet, diese entfernt. Auch beim bereits parierten Fischfilet gibt es immer noch Ränder und Kanten, die unschön sind. Diese brauche ich für den Fischfond, welchen ich wiederum für die Sauce benötige. Allerdings sehr wenig; eine halbe Tasse genügt.

Also einen Mini-Fischfond herstellen aus ein paar Abfällen, Lauch, Zwiebelstücken, Sellerie und Champignons, von allem kleine Mengen. Alles zusammen in Butter leicht andünsten und mit Wasser aufgießen. 20 Minuten köcheln lassen; durchsieben.

Die Filets in Würfel schneiden und pürieren. Das geht mit dem Schnetzelstab der kleinen Küchenmaschine genauso gut wie im Mixer. Während dieser Arbeit Eiweiß und Sahne dazugeben und mit Pfeffer, Muskat und Salz würzen. Abschmecken und ins Eisfach des Kühlschranks stellen. Es ist wichtig, daß die Fischfarce zu jeder Zeit sehr kalt ist, so hält sie besser zusammen. Deshalb achte ich darauf, daß die Filets und die Sahne schon gekühlt sind, bevor ich sie verarbeite.

Mit zwei Eßlöffeln, die ich immer wieder in kaltes Wasser tauche, forme ich aus der gut gekühlten Masse längliche Klößchen und lege sie auf den Boden einer tiefen Pfanne oder eines großen Topfes und fülle diesen mit fast kochendem Salzwasser auf, so daß die Klöße bedeckt sind. 10 Minuten ziehen lassen, und sie sind fertig; ich fische sie mit dem Schaumlöffel heraus.

Die Klöße sind fertig, aber das Essen noch nicht. Das Chicoréegemüse habe ich vorbereitet, die Sauce mache ich, während die Klößchen ziehen.

Die Verbindung von Fisch und Chicorée ist eine sehr delikate Erfindung, vor allem dann, wenn dem bitteren Gemüse geriebene Orangenschalen beigegeben werden oder die von Limonetten. Ich begnüge mich mit Zitronensaft, da es ungespritzte Bitterorangen nur im Winter gibt und Limonetten in meiner ländlichen Umgebung überhaupt nicht.

Pro Person brauche ich eine Chicorée von üblicher Größe; handelt es sich um die nicht seltenen Jumbo-Chicorées, genügen 3 Stück für 4 Personen. Die Chicorées der Länge nach halbieren, den bitteren, harten Strunk herausschneiden. In Längsstreifen schneiden und diese dann auf ungefähr 2½ mal 1 Zentimeter große Stücke verkürzen. Waschen und so feucht, wie sie sind, mit dem Saft von 1 Zitrone in heißer Butter andünsten, salzen. Dann den Deckel drauf und 5 bis 6 Minuten garen lassen.

Eine zusätzliche Kochflüssigkeit ist nicht nötig, da die Feuchtigkeit des Gemüses und der Zitrone ausreicht, und wenn ich die Hitze früh genug reduziere, kann nichts anbrennen. Es mag sogar nötig sein, den Deckel in den letzten zwei Minuten zu entfernen, damit die Flüssigkeit einkocht. Da ich ja noch eine Sauce zubereite, darf das Gemüse kaum feucht sein, es würde die Sauce sonst verwässern.

Bei dieser handelt es sich um den edelsten Bestandteil des Gerichtes. Es ist eine Safransabayon, und sie verwandelt das Ganze in eine Delikatesse der Extraklasse.

Ich brauche dazu:

4 Eigelb
eine halbe Tasse Fischfond
ebensoviel Wein (weiß, trocken)
1 Messerspitze Safranpulver
oder 1 Fingerhut voll Safranfäden
3 EL Sahne
⅓ TL Tomatenmark
Cayennepfeffer, Salz

Alle Bestandteile zusammen in eine Konditorschüssel geben. Das ist eine halbkugelförmige Kupfer- oder Edelstahlschüssel, in der sich Sahne und Eierschnee am besten schlagen lassen. Genauso praktisch sind diese Schüsseln als Bain-Marie (Wasserbad) zu benutzen: Auf einen passenden Topf mit etwas heißem Wasser setzen, alle Zutaten hinein und mit dem Mixstab kurz verquirlen. Nun mit dem Schneebesen ruhig rühren, auf dem

Herd bei niedriger Temperatur, während die Masse heiß und dadurch cremig-schaumig wird.

Vom Fischfond und vom Wein habe ich etwas zurückgehalten. Es kann passieren, daß die Sabayon zu heiß wird und das Eigelb zu stocken droht. Dann gieße ich schnell etwas Wein oder Fond nach, und die Gefahr ist gebannt. Während des Rührens schmecke ich ab und vergewissere mich immer wieder, daß die Konditorschüssel nicht zu heiß wird.

Eine solche Sabayon kann natürlich auch in einer Kasserolle gerührt werden, welche ich in eine Pfanne voll heißem Wasser stelle. Dabei ist es allerdings ratsam, zwischen dem Boden der Kasserolle und der Pfanne einen Zwischenraum zu schaffen, damit das heiße Wasser die Kasserolle erwärmt und nicht die (viel heißere) Pfanne. Für diesen Zweck sind die kleinen Drahtkissen oder -untersätze ganz praktisch, auf denen schon unsere Mütter ihre Töpfe abgestellt haben.

Jedenfalls ist eine Sabayon weniger kompliziert als eine Sauce Hollandaise. Wer mit dieser keine Schwierigkeiten hat, wird mit jener leicht fertig.

Die garen Fischklößchen setze ich (2 Stück pro Person) in die Mitte des Tellers, den Chicorée lege ich ringförmig drum herum und nappiere die Klöße mit der dunkelgelben Sabayon. Einfacher läßt sich ein so delikates Vor- oder Zwischengericht kaum herstellen!

Nun handelt es sich bei dieser Variation der Fischklöße eindeutig um eine Winter-Version, weil Chicorée nun einmal ein Wintergemüse ist. Für den Sommer kann ich mir statt des weißen Gemüses auch Spinat vorstellen. Blattspinat, deutlich mit Zitrone gewürzt. Bei Spinat ist mehr noch als beim Chicorée darauf zu achten, daß er nicht feucht auf den Teller kommt. Wenn sich das Spinatkochwasser in die Sabayon drängt, ist es um sie geschehen.

In beiden Versionen aber wird deutlich, daß Fischklöße, auch wenn sie nicht vom Hecht stammen, sondern vom scheinbar ordinären Rotbarsch, eine feine und leckere Delikatesse sein können, die sich deutlich von den wuchtigen Klößen der gestrigen Küche unterscheidet.

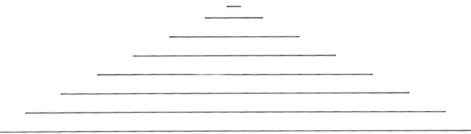

Der Saibling

Omble chevalier

In den kühlen Seen Savoyens und des benachbarten Départements Ain leben die Saiblinge. Sie gehören zur Familie der Salmoniden, sind also Verwandte der Forelle (die auch auf unserer Abbildung zu sehen ist und die Sie auch nach diesem Rezept zubereiten können), des Lachses, der Felchen und ähnlicher Fische. Ihr Fleisch ist rosa wie das der Lachsforelle, doch ihr Geschmack von noch größerer Feinheit. In der Küche Savoyens spielen sie eine große Rolle: die Rolle des edlen Prinzen. Bei uns werden sie gelegentlich in den oberbayerischen Seen gefangen.

Wesentlich für das Marktangebot sind jedoch die Zuchtsaiblinge. Gewiß unterscheiden sie sich von den frei lebenden Seesaiblingen, wie die Zuchtforelle sich von der Bachforelle unterscheidet.

Aber damit müssen wir leben. Jedenfalls sind sie noch delikat genug, um ein vorzügliches Fischgericht abzugeben – wenn man sich an das Rezept hält, nach dem die Hausfrauen in Savoyen den Saibling zubereiten: in schäumender Butter.

Zuchtsaiblinge sind meistens ziemlich klein: Portionsfische. Doch je größer sie sind, um so fester ist ihr Fleisch. Also lieber einen großen für zwei Personen, als zwei kleine Saiblinge kaufen. Zutaten für 2 Personen:

1 Saibling von 500–600 g
250 g Butter
Petersilie
Zucker, Salz

Der ausgenommene Fisch wird unter kaltem Wasser abgespült. Von innen salzen und leicht pfeffern (weiß, aus der Mühle). In schäumender Butter bedeutet nicht, daß der Fisch in Butter gebraten wird. Er wird in kochender Butter gegart. Und um Butter kochen zu können, brauche ich viel Butter. Ein Kilo Butter läßt sich gefahrlos längere Zeit erhitzen, ohne daß sie schwarz wird; 20 Gramm Butter verbrennen sofort.

Nun brauche ich natürlich kein Kilo Butter für einen großen oder zwei kleine Saiblinge. Ich brauche so viel, daß der Fisch von der kochenden Butter fast bedeckt ist. Und da hängt die Menge zunächst einmal von dem Gefäß ab, in dem ich ihn gare. Es darf nicht größer sein als der Fisch. Eine längliche, schmale Pfanne ist ideal; es gibt entsprechende Formen auch aus emailliertem Gußeisen. Darin ungefähr 250 Gramm Butter heiß werden lassen, bis sie flüssig ist und Blasen wirft. Eine Prise Salz dazu, und dann lege ich den Fisch hinein. Die Butter kühlt sofort ab.

Jetzt gilt es, sie immer auf der richtigen Temperatur zu halten. Sie muß kochen, aber nicht zu stark. Das ist auf dem Herd zweifellos besser zu kontrollieren als im Ofen, obwohl der Ofen mit seiner Rundum-Hitze die bessere Kochstelle für dieses Gericht ist. Da der Saibling nicht vollständig von Butter bedeckt ist, drehe ich ihn nach drei, vier Minuten herum und lasse ihn noch einmal zwei, drei Minuten weiter garen.

Dann streue ich einen guten Teelöffel Zucker in die köchelnde Butter und serviere sofort: Der Zucker läßt die Butter stark aufschäumen, was sehr eindrucksvoll ist, gleichzeitig gibt er ihr jenen feinen Geschmack, den wir als Nußbutter bezeichnen. Mit dem Zucker streue ich noch 1 Eßlöffel sehr fein gehackte Petersilie in die Butter. Dazu Salzkartoffeln und sonst nichts – wie einfach kann eine Delikatesse sein!

Auch in Savoyen wachsen Weine, sie sind überwiegend weiß, leichtgewichtig und unproblematisch. Die besseren heißen Chignin-Bergeron, Seyssel und Rousette de Savoie. Sie entsprechen am ehesten unseren Weinen aus Baden (Gutedel, Weißburgunder) und der Pfalz (Riesling), welche ja auch gut zu so klaren Fischgerichten wie diesem Saibling in schäumender Butter passen.

Name:
Hummer
Geburtsort:
Bretagne

Eine der wichtigsten Landschaften für den Kulinariker ist die Bretagne – wegen der Austern und wegen der Hummer. Die bretonischen Hummer gelten bei den Köchen als die besten überhaupt. Sie sind kleiner als die Exoten, aber herzhafter im Geschmack. Ob sie saftig sind oder trocken, zart oder zäh, das hängt bei Hummern jedoch nicht von der Herkunft ab, sondern von der Art und Weise, wie sie zubereitet wurden. Nach meiner Erfahrung sind neun von zehn Hummern, die in Restaurants auf den Tisch kommen (auch in der Bretagne), unsachgemäß gekocht worden. Nämlich viel zu lange.

Ein zu lange gekochter Hummer ist zäh und faserig, und wenn er zusätzlich noch eingefroren war, dann wird kein Esser begreifen wollen, daß das nun eine Delikatesse sei, und eine teure dazu. Die Zubereitungsmöglichkeiten sind begrenzt: Entweder kochen oder grillen. Abwechslung bringen die verschiedenen Saucen. Die klassischste ist die Mayonnaise, und wenn die von der Hausfrau selber hergestellt wird, ist dagegen, trotz ihres altmodischen und kalorienreichen Charakters, überhaupt nichts einzuwenden.

Ich bin gegen aufwendige und dominierende Saucen, weil der eigentliche Geschmack des Hummers nicht so robust ist, daß er sich immer durchsetzen würde. Meine Lieblingsversion ist deshalb simpel: Hummer halbieren, unter dem Grill garen und mit Schalottenbutter servieren.

Am besten schmecken Hummer von 600 bis 700 Gramm. Die Mordskerle von 1 Kilo Lebendgewicht oder mehr sind schon ältere Herren, und die sind in der Küche nie die Nummer Eins. Ein halber Hummer pro

Person genügt, wenn es sich um eine Vorspeise handelt, der noch ein Stück Fleisch folgt. Handelt es sich jedoch um eine ›Hummer-Diät‹, muß es schon ein ganzer Hummer pro Person sein.

Hummer müssen nach unserem Tierschutzgesetz getötet werden, indem man sie in sprudelnd kochendes Wasser wirft. Das ist logisch, wenn der Hummer sowieso gekocht werden soll. Bei gebratenen bzw. gegrillten Hummern bin ich nicht sicher, ob die Methode der Franzosen nicht die schnellere ist: sie schneiden den Hummer blitzschnell von vorne bis hinten in zwei Hälften.

Hummer müssen jedenfalls putzmunter sein, wenn man sie kauft. In feuchter Holzwolle kühl gestellt, halten sie sich noch einen halben Tag und länger. In der gefüllten Badewanne fühlen sie sich wahrscheinlich nicht sehr wohl, weil sie ja Meerwasser gewohnt sind und nicht gechlortes Leitungswasser, Marke Leverkusen. Ihre eindrucksvollen Scheren sind mit einem Gummiband zugebunden, damit sie sich in den Bassins der Händler nicht gegenseitig beschädigen und der späteren Köchin nicht als erstes einen Finger abzwacken. Also lasse ich das Gummiband dran.

Das kochende Wasser, in das ich meinen Hummer werfe, muß nicht weiter gewürzt sein, weil ich ihn nach einer Minute schon wieder herausnehme. Ich hacke die beiden Scheren ab (Gummiband kann weg) und schneide dann den Hummer der Länge nach in zwei Hälften.

Dazu brauche ich ein schweres Messer, das eine dünne, feingeschliffene Klinge *nicht* haben darf; die würde am Hummerpanzer schartig werden. Es kracht ein bißchen, ist aber nicht sonderlich schwierig.

Die beiden Hälften lege ich sofort auf die Seite, so daß möglichst wenig Saft ausläuft. Eßbar am Hummer sind eigentlich nur der Schwanz und das Fleisch der Scheren. In den dünnen Beinen sitzt auch noch ein wenig Fleisch; viele Esser puhlen es hingebungsvoll mit Spezialgabeln heraus, um auch noch an das letzte Gramm Hummer zu kommen (hat ja Geld gekostet!).

Ich halte diese geizige Zutzelei für wenig ergiebig, mühsam ist sie ohnehin; deshalb verzichte ich auf die zusammengekratzten Partikel. Dann wird auch der lächerliche Schlabberlatz überflüssig, der in Touristenlokalen den Gästen umgehängt wird, damit sie sich bei der Operation nicht bekleckern.

Der durchgeschnittene Hummer bietet einen nicht gerade vielversprechenden Anblick. Die Schwanzhälfte, in der das, jetzt noch graue, Fleisch sitzt, ist ziemlich klein, kleiner als der Kopf- und Brustteil. Und in dem sieht's gar grauslich aus: Viel grüner Brei (seine Henkersmahlzeit) und sonstige Innereien, die, das ist klar, für den kulinarischen Ruhm des Hummers nicht verantwortlich sein können. Also weg damit. Im Schwanzteil befindet sich, deutlich sichtbar, der dünne Darm. Auch er wird entfernt.

Sodann trenne ich das Schwanzteil (also die beiden Schwanzhälften) vom Vorderteil. Das Fleisch wird gesalzen und leicht gepfeffert, desgleichen die beiden Vorderteile, obwohl sich darin wenig Eßbares befindet. Dennoch wird dieser Teil mitgegrillt, es sei denn, pro Person stünde ein großer oder sogar anderthalb Hummer zur Verfügung.

Die Hummerteile lege ich auf ein Backblech (oder eine ähnliche, flache Unterlage), begieße sie mit einem Teil der Schalottenbutter und schiebe sie unter den Grill oder ganz oben in den Ofen unter die auf Hochtouren laufende Oberhitze.

Die Schalottenbutter habe ich vorbereitet. Dazu brauche ich Schalotten, welche geschält und in der oft beschriebenen Weise mit dem Officemesser in winzige Partikel geschnitten wurden: 3 Eßlöffel für einen Hummer. Dann erhitze ich 150 bis 200 Gramm Butter, gebe die Schalotten hinein und lasse ganz sanft köcheln. Salz kommt auch hinein, und nach ungefähr 20 Minuten sind die Schalotten gar.

Davon etwas auf den Hummer, bevor er in den Ofen kommt, den Rest warm zum fertigen Essen servieren. Die Butter wird durch das lange Kochen geklärt, sieht also klar und sehr fett aus. Wer das vermeiden will, kann zum Schluß, wenn er sie vom Feuer nimmt, einige eiskalte Butterstückchen mit dem Schneebesen einmontieren, dadurch bekommt sie wieder eine Bindung.

Der Hummer braucht, je nach Größe, im heißen Ofen zwischen 5 und 6 Minuten, länger nicht, weil er sonst durchgebraten würde, was ihm noch weniger bekommt als einem Rinderfilet. Sollte das Fleisch noch etwas glasig aussehen, also nicht ganz gar sein, um so saftiger wird es sein. Mehr ist nicht nötig, mehr braucht dieser merkwürdige Meeresbewohner nicht, um seine Delikatesse unter Beweis zu stellen.

Nun habe ich ja noch die beiden wuchtigen Scheren und die daran sitzenden dicken Gelenke. Die werden auf dem Ofen in der Pfanne in Öl gebraten, so wie sie sind, ohne irgendein Gewürz, das ja doch nicht durch den dicken Panzer dringen würde. 10 Minuten ungefähr brauchen sie, um gar zu werden. Mit dem Nußknacker breche ich die Schalen auf, ohne sie völlig zu zertrümmern; meine Gäste sollen sie selbst entfernen, jedoch ohne Mühe. Eine Schweinerei ist es trotzdem; ohne Hilfe der Finger geht es nicht, und deshalb sind Fingerschalen hier erforderlich. Das ist alles.

So spektakulär ein Hummer auch auf dem Teller wirkt (Symbol für Luxus; Inbegriff für Schlemmerei), so simpel ist er im Grunde, ist auch seine Zubereitung. Doch sein Geschmack ist unvergleichlich und, in Verbindung mit der Schalottenbutter, überwältigend!

Was den Wein angeht, so wird in der Bretagne dazu ein Muscadet getrunken (weil ein Muscadet dort zu allem getrunken wird, was aus dem Meer kommt). Dieser trockene Weißwein wächst in der Gegend von Nantes. Er ist frühreif, frisch und harmlos, hat manchmal eine delikate Fruchtigkeit. Ein großer Wein ist er nicht. Viel besser wäre ein Coulée de Serrant, ein Nachbar des Muscadet, der diesem aber, vor allem wenn er einige Jahre auf der Flasche hat, weit überlegen ist. Mein Lieblingswein zu diesem Hummerrezept ist der ›Y‹, der trockene Bruder des großen Château d'Yquem, ein rarer und dort, wo er paßt (wie hier), unvergleichbarer Weißwein aus dem Sauternes.

Seezunge
in
Gewürztraminer

Es ist von der wunderbaren Vermählung der nordischen Seezunge mit alemannischen Nudeln zu berichten, eine Liaison, die jeden Feinschmecker entzücken muß:

1 Seezunge von 500 g
2 Schalotten
4 Champignons
Butter, crème fraîche
1 Glas Gewürztraminer

Für die Sauce Hollandaise:

2 Eigelb
120 g Butter
2 TL Zitronensaft
Cayennepfeffer, Salz

Die enthäutete und gesalzene Seezunge wird in eine passende Bratform gelegt, welche gut ausgebuttert und mit den Schalotten und Champignons, beide feingehackt, bestreut wurde. Die Oberseite der Seezunge mit Butterflöckchen belegen. Aus den Häuten und dem Kopf der Seezunge habe ich einen kurzen Fischfond gemacht (mehr als eine Tasse benötige ich nicht), den ich zusammen mit dem Wein in die Form gieße, welche mit Alufolie verschlossen wird. Im vorgeheizten Ofen (Mittelschiene) bei 180 Grad zirka 12 Minuten garen lassen. Die Seezunge aus der Form nehmen und warmstellen.

Den Kochsud reduzieren, mit Salz und Pfeffer abschmecken, 1 Eßlöffel crème fraîche dazugeben, wieder einkochen lassen. Dann 2 Eßlöffel der vorbereiteten

Sauce Hollandaise unterrühren, nochmals abschmek-
ken. Dazu schmale Bandnudeln servieren.

Die Hollandaise macht's; ohne sie schmeckt's nur halb
so schön! Diese Sauce gehört sicherlich nicht in eine
Schlankheitsdiät, aber davon hält Madame ohnehin
nicht viel. Und Monsieur ist immer glücklich, wenn
sein geliebter Riesling so gut schmeckt wie zu diesem
Leckerbissen.

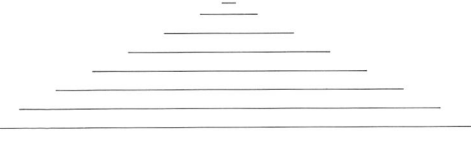

Jakobsmuscheln

Coquilles
Saint-Jacques

Auf den Fischmärkten der Normandie fallen die Jakobsmuscheln besonders ins Auge. Sie sind handtellergroß und sehen aus wie das Markenzeichen einer bekannten Benzinfirma. Innen in der Muschel sitzt viel Sand, Geschlabber und ein weißer Pfropfen, welcher einem Marshmallow nicht unähnlich ist, gottlob aber völlig anders schmeckt.

Meistens werden die Muscheln bei uns – das heißt, der innere, eßbare weiße Kern – ausgelöst angeboten. Am weißen Pfropfen hängt noch etwas Rotes, das Corail, eine halbmondförmige Angelegenheit, die der Muschel bei der Fortpflanzung behilflich ist. Beides ist, richtig zubereitet, von höchster Delikatesse. Und zwar weniger wegen des Geschmacks dieses merkwürdigen Meeresbewohners, als wegen der zarten und saftigen Konsistenz – sofern die Jakobsmuschel nicht hart und trocken gekocht wird, was einfach ist und entsprechend häufig passiert.

Jakobsmuscheln werden auch mit der Schale angeboten. Das sieht zwar zünftig aus und suggeriert eine größere Frische. Aber die Arbeit des Öffnens (in den Backofen legen, bis die Muschel freiwillig die Schalen aufmacht)

und Säuberns ist derartig lästig, daß sie nur von sehr sparsamen Hausfrauen in Kauf genommen wird. Auch den ausgelösten Muscheln sieht man ja genau an, ob sie frisch, halb frisch oder gut abgelagert sind. Sie müssen noch ganz weiß sein, dürfen eventuell einen hellen Grauton haben. Wenn die Verfärbung bereits ins Gelbliche übergeht, dann lasse ich die Finger davon.

Auch ausgelöst sind Jakobsmuscheln noch nicht vollständig pariert. Da ist nämlich außen eine erbsengroße, harte Stelle, wie eine Schwiele. Sie ist kaum zu sehen, eher zu fühlen. Die muß weggeschnitten werden, da sie beim Garen sofort hart wird. Das Corail liegt meistens bereits daneben, sollte jedenfalls vom Muschelkörper getrennt sein. Oft werden Muscheln auch ohne Corail angeboten; das ist kein Unglück.

Pro Person brauche ich vier ausgewachsene Muscheln von der Größe, daß ich eine Muschel ohne Schwierigkeiten in den Mund stecken kann. Größere Exemplare teile ich mit einem Messer in eine obere und eine untere Hälfte.

Die Garzeit – und das bedeutet in diesem Fall die Kochzeit; jedoch können Jakobsmuscheln auch in der Pfanne gebraten werden –, die Garzeit also beträgt nur zwei Minuten. Es gibt viele Rezepte, da werden die Muscheln erst einmal vier Minuten gekocht, sodann noch einmal fünf oder sechs Minuten mit irgendeiner Sauce überbacken. Was dabei herauskommt, sind harte Pfropfen, die an das Kalbfleisch erinnern, dessentwegen ich den Metzger gewechselt habe.

Neuerdings gibt es Stimmen, die vor sehr kurz gegarten, also praktisch halbrohen Jakobsmuscheln warnen. Gründlich durchkochen soll man sie, dann seien sie garantiert nicht gesundheitsschädlich. Mag sein. Aber lieber esse ich überhaupt keine Muscheln, als daß ich sie derart ruinierte...

Um sie zu garen, brauche ich einen Sud, aus dem ich anschließend die Sauce mache. Er allein entscheidet über den Geschmack der Muscheln. Insofern gleichen diese den Spaghetti oder den Kartoffeln: so allein und ohne alles sind sie nicht sonderlich aufregend. Aber in Verbindung mit einer raffinierten Sauce wird ein Leckerbissen daraus, der sich nicht zu Unrecht einen Platz in der Feinen Küche erobert hat.

Der Sud ist also die Sauce, bzw. der erste Schritt dorthin. In folgender Version ist das eine *court-bouillon,* also ein Gemüsefond.

Dazu brauche ich:

3 Schalotten
1 Karotte
15 cm Stangensellerie
3 Champignons
das Weiße von 1 Stange Lauch
Pfeffer, Salz, Butter

Alles Gemüse klein schneiden und in Butter anschwitzen lassen, ohne daß es Farbe annimmt. Mit soviel Wasser aufgießen, daß es ausreicht, die Muscheln darin zu kochen. 20 Minuten sanft köcheln lassen. Pfeffern und salzen und durchsieben.

Die Brühe erhitzen, ohne daß sie kocht. Die Muscheln einlegen und 1 Minute ziehen lassen. Herausnehmen und warmstellen. Das Corail, sollte es vorhanden sein, noch kürzer als die Muschelkörper pochieren! Den Sud nun auf großer Flamme reduzieren.

Inzwischen habe ich Karotten- und Lauchjulienne vorbereitet. Das sind die streichholzdünnen Gemüsestreifen, für deren Herstellung wieder einmal ein hochwertiges Kochmesser wichtig ist, damit die Arbeit nicht zur Plage wird. Diese Juliennes (jeweils 2 Eßlöffel) lasse ich beim Reduzieren mitkochen. Außerdem lege ich eine kleine Menge Tomatenkonkassee bereit (siehe »Essighuhn«, Seite 81).

Den kochenden Sud würze ich jetzt zusätzlich mit einer Prise Safran und einem Gläschen Noilly-Prat (trockener Vermouth) und gieße einen Becher Sahne hinzu. Es wäre ein Wunder, wenn die Sauce – sofern sie genügend eingekocht ist – jetzt bereits perfekt wäre. Dazu muß ich noch einmal abschmecken und wahrscheinlich nachwürzen. Dann aber ist es soweit: Ich lege das Tomatenkonkassee und die vorbereiteten Jakobsmuscheln in die Sauce und weiß, daß ich etwas zustande gebracht habe, worauf auch Profiköche stolz sind.

Keine Beilagen. Aber den besten weißen Burgunder, den ich im Keller habe: Corton-Charlemagne, Batard-Montrachet, Meursault-Charmes, Puligny-Montrachet Premier Cru.

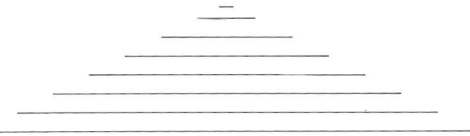

Gebratene Froschschenkel

Cuisses de grenouilles sautées aux fines herbes

In der nicht sehr großen und touristisch nicht sehr bedeutenden Landschaft der Bresse gibt es überraschenderweise zwei der besten französischen Restaurants (›Chapel‹ in Mionnais; ›Georges Blanc‹ in Vonnas). Erstaunlich ist das allerdings nicht so sehr, wenn man die Nähe Lyons in Betracht zieht und die Produkte, die die bäuerliche Bresse hervorbringt.

Neben den berühmten Hühnern und Tauben sind das die Froschschenkel. Die müssen in der Bresse nämlich nicht von weit her importiert werden; die unzähligen kleinen Seen in der Dombes genannten Region sind seit jeher Laichplätze von Hunderttausenden von Fröschen. So wundert es nicht, daß Madame und Monsieur die Bedenken deutscher Tierschützer nicht verstehen: Froschschenkel sind für sie *das* typische Sonntagsessen! Froschschenkel haben wenig Eigengeschmack; man weiß nicht, ob sie eher wie Fisch oder wie Geflügel schmecken. Die Bewohner der Bresse beschränken sich deshalb auf eine Zubereitungsart, die diesen Mangel ausgleicht: Viel Butter, viel Knoblauch, viel Petersilie. Das ist nicht gerade der Höhepunkt der Feinen Küche. Die Knoblauchwolke, die den Himmel der Bresse bedeckt, stammt von den Essern, die nach dem Mittagessen die Fenster aufmachen.

Die benötigte Menge der Froschschenkel richtet sich danach, ob Madame sie zu einem Vor- oder Hauptgericht verarbeiten will. In letzterem Fall sind 10 Paar Beine pro Portion nicht zuviel.

Die Zubereitung aber ist in jedem Fall gleich:

In einer sehr großen, sonst in zwei Pfannen wird viel Butter heißgemacht, möglichst unpasteurisierte, direkt vom Bauern, die in der Bresse auf jedem Markt zu kaufen ist. Die Froschschenkel kann man einige Stunden in Milch einlegen. Angeblich verlieren sie so ihren ›muffigen‹ Geschmack. Nach meiner Erfahrung ist das jedoch Humbug. Muffig sind sie nicht, und die Milch verändert nichts.

Jedenfalls müssen sie gut abgetrocknet und leicht eingemehlt werden. Dann kommen sie in die heiße Butter. Davon darf, nein *muß* ziemlich viel in der Pfanne sein. Denn sie sollen zwar braun werden, aber nicht austrocknen, was bei den kleinen Beinchen schnell geschieht, wenn sie zu trocken und zu heiß gebraten werden. Deshalb die viele Butter. Und deshalb ist dieses rustikale Gericht in der Herstellung gar nicht so einfach.

Sollte die Butter braun werden, sofort frische Butter dazu geben! Auf diese Weise kann es geschehen (und geschieht bei Madame regelmäßig), daß die Froschschenkel schließlich in Butter geradezu schwimmen. Während des Bratens jedes Schenkelpaar einzeln umdrehen. Salzen und pfeffern. Kurz vor Ende der Bratzeit (Gesamtdauer rund 10 Minuten) zwei Eßlöffel feingehackten Knoblauch über die Schenkel streuen und, wenn sie endgültig gar sind, gehackte Petersilie.

Zum Essen benutzen Madame und Monsieur die Finger; anders wäre den kleinen Dingern auch gar nicht beizukommen. Das macht natürlich Fingerschalen nötig (mit warmem Wasser und einigen Tropfen Zitronensaft). Monsieur ißt dazu sein Stangenbrot, und als Nachtisch bringt Madame einen grünen Salat auf den Tisch, bevor mit einem Käse (der ›Bleu de Bresse‹ muß es nicht sein; es gibt bessere) das traditionelle Sonntagsessen zu Ende geht.

Da nicht leicht zu sagen ist, welcher Tiergattung die Frösche kulinarisch zuzurechnen sind, hat es auch mit dem passenden Wein seine Schwierigkeiten. Ein guter Weißwein (die benachbarte Côte d'Or liefert ja die größten Lagen) wäre sicher optimal; wenn er etwas bescheidener und rot sein soll, wäre auch ein kühl dazu getrunkener Beaujolais keine falsche Wahl.

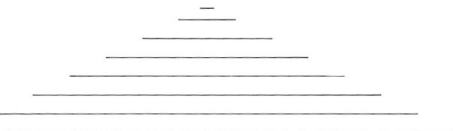

Der Fond,
oder
von nichts
kommt nichts

Wenn erstklassige Produkte auch eine wichtige Voraussetzung für gute Küche sind, so gehört dazu auch noch die Sorgfalt, mit der sie verarbeitet werden. Ohne Sorgfalt – und das läuft immer auf zusätzliche Mühe hinaus – nützt die beste Butter nichts, bleiben die zartesten Schnitzel banal. Wer glaubt, es ließe sich auch ohne Mühe eine große Küche erreichen, der soll es ruhig versuchen. Aber seine Gäste darf er sich nicht unter anspruchsvollen Essern suchen.

Nun kann der Begriff Mühe aufwendige und zeitraubende Kleinarbeit bedeuten; die leisten sich die großen Restaurants. In der Privatküche hingegen werden die Karotten nicht tourniert, sondern nur in gleichmäßige Stücke geschnitten. Dort lagern in der Vorratskammer (oder in der Kühltruhe) nicht fünf verschiedene Fonds, sondern nur zwei. Die aber – und damit wäre ich wieder bei der besseren Qualität der französischen Küche –, diese zwei Fonds sollten es schon sein: ein Geflügelfond und einer aus Kalbsknochen. Und so mühevoll ist ihre Herstellung auch nicht, nur zusätzliche Arbeit. Groß ist aber der Gewinn, den sie bringen; denn sie geben den Saucen jene zusätzliche Kraft, die wir in den besten Restaurants so bewundern und in den Privathaushaltungen vermissen.

Ein Fond besteht aus kleingehackten Knochen und zerschnittenem Fleisch, die lange und langsam ausgekocht werden. Die Knochen bewirken die Gelierfähigkeit, das Fleisch bringt den Geschmack. Der wird noch unterstützt durch einige Gemüse und Aromaten. 1 Liter fertiger Fond kann bis auf ¼ Liter Flüssigkeit eingekocht werden, dann wird er steif und fest wie Pudding und heißt Glace.

Ein Eßlöffel Glace in der Sauce ersetzt sowohl das Mehl oder die Mehlbutter als auch dicke Sahne und ist somit ein Beitrag zur vernünftigen Ernährung. Fonds oder Glace werden praktischerweise in kleinen Kunststoffbechern abgefüllt und eingefroren. Aber auch im Kühlschrank ist ein Fond (und erst recht eine Glace) einige bis viele Wochen haltbar.

Für einen Hühnerfond brauche ich:

> 1 kg Hühnerklein oder 1 Suppenhuhn
> 1 Tomate
> 1 Zwiebel
> 1 Stück Sellerie
> 1 Karotte
> das Weiße einer Lauchstange
> 3 Petersilienstengel
> 5 Champignons
> Weißwein, Wasser

Die Hühnerteile sehr klein hacken (Walnußgröße) und in einem großen, flachen Bräter (Reine) im sehr heißen Backofen mit Pflanzenöl anbraten lassen. Von Zeit zu Zeit wenden, daß sie von allen Seiten hellbraun werden. Das Öl und ausgelassenes Hühnerfett abgießen, so gut es geht. Die Gemüse kleinschneiden und dazugeben, wieder zurück in den Ofen und leicht anrösten lassen. Mit 2 Gläsern trockenem Weißwein ablöschen. Den Bodensatz mit einem Holzspachtel loskratzen. Einkochen lassen. Noch einmal 2 Gläser Wein angießen und wieder reduzieren, bis die Flüssigkeit fast völlig verkocht ist.

Nun mit 2 Liter Wasser aufgießen, in einen großen Suppentopf umfüllen und auf dem Herd ohne Deckel

2 Stunden köcheln lassen. Aufsteigenden Schaum abschöpfen. Durch ein sehr feines Sieb abgießen und einkochen lassen, bis nur noch knapp ½ Liter Fond übrig ist.

KALBSFOND

Nach dem gleichen Prinzip stelle ich einen braunen Kalbsfond her. Nur brauche ich hier eine größere Menge Knochen vom Kalb und Kalbfleischabfälle – mindestens 2 Kilo.
Außerdem:

500 g würfelig geschnittene Tomaten
1 EL Tomatenmark
6 Nelken
1 zerdrückte Knoblauchzehe
1 Lorbeerblatt

Ansonsten die gleichen Gemüsestücke wie beim Geflügelfond, aber keine Champignons. Und keinen Wein. Die Kochzeit beträgt jedoch mindestens das Doppelte, nämlich 4 bis 5 Stunden! Für Perfektionisten, die auch einen Wildfond auf Vorrat haben wollen, hier das entsprechende Rezept:

WILDFOND

Wie beim braunen Kalbsfond, jedoch mit Knochen und Fleischabfällen von Wild und Wildgeflügel.

100 Gramm Schinkenreste oder magerer Rauchspeck,
1 Eßlöffel Wacholderbeeren,
einige Salbeiblätter.

Auch wenn ein Fond nicht bis zur Glace eingedickt wird, sollte er in kaltem Zustand so steif werden, daß sich die oben aufliegende Fettschicht leicht abnehmen läßt.

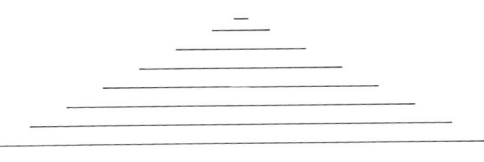

Essighuhn

Poulet au vinaigre

Ohne Hühner wäre die französische Küche wie die deutsche ohne Schweinekoteletts. Seit der gute König Henri IV. den Franzosen das sonntägliche Huhn verordnet hat, gehört es zu den Grundpfeilern ihrer Küche. Keine Provinz, die nicht ihre Hühnerrezepte hätte, keine Zubereitungsart, die das sanfte und zarte Fleisch nicht über sich ergehen lassen müßte. Ob mit Krebsen zusammen geschmort (Poulet Marengo), ob mit Trüffeln gespickt (Poularde demi-deuil), ob in Rotwein (coq au vin) oder in Riesling geschmort (coq au Riesling), mit Morcheln, in Sahne, an Estragon, unter Sellerie, in der Blase, auf dem Rost – das Huhn muß für alles herhalten. Und alles bekommt ihm vorzüglich.

Ein Jammer, daß das Angebot auf unseren Märkten
noch so sehr von Schnellmasthühnern bestimmt wird!
Denn natürlich entscheidet bei Hühnergerichten einzig
die Qualität der Hühner über die Delikatesse des fertigen Gerichts. Und da haben unsere Hühnerzüchter von
den Franzosen noch zu lernen, daß es durchaus möglich
ist, hochwertige Hühner für einen entsprechenden Preis
an die Kundschaft zu bringen.
Die besten Hühner, die aus der Bresse, kosten bei uns
ungefähr 24 Mark pro Kilo, wiegen mindestens 1500
Gramm und reichen gut für vier Personen. Ihr Fleisch
ist fest, die Knochen sind stabil. In der Bresse ist das
Essighuhn sehr populär, eine besonders appetitanre-
gende und leckere Variante. Für 4 Personen brauche
ich:

1 Bressehuhn von 1600 g
8 Frühlingszwiebeln
1 Karotte
2 Knoblauchzehen, Estragonessig
$\frac{1}{8}$ l Hühnerfond
200 g Sahne
Tomatenpüree, Senf, Weißwein
schwarzer Pfeffer, Butter, Öl

Für das Tomatenkonkassee:

4 Tomaten
1 Schalotte
1 TL Tomatenpüree
$\frac{1}{2}$ TL Zucker
$\frac{1}{2}$ Lorbeerblatt
Thymian, Petersilie, Stangensellerie
1 Knoblauchzehe, Butter

Das Huhn in acht Teile zerlegen, also zwei Brusthälften, zwei Flügel und zwei zweigeteilte Keulen. Die Haut dort, wo sie besonders dick und fett ist, wegschneiden. Hals und Rücken dienen zur Saucenverbesserung; beknabberbar sind sie nur für Kinder oder in Notzeiten.

Die Hühnerteile in einem schweren Schmortopf oder, wenn sie dort nicht genug Platz haben, nach und nach in einer Pfanne in halb Butter, halb Öl anbraten, bis sie goldbraun sind. Salzen. Die beiden Bruststücke herausnehmen.

Die geschälten Frühlingszwiebeln, die Knoblauchzehen und die in sehr dünne, kleine Streifen (Julienne) geschnittene Karotte in den Topf zum Huhn geben, zudecken und in den heißen Backofen stellen. Nach 15 Minuten die Bruststücke dazulegen und ein kleines Glas Weißwein und ebenso viel Estragonessig angießen. Zirka 15 Minuten ohne Deckel weiter dünsten lassen; dann müßten die Hühnerstücke gar sein. (Und die Brust ist, durch die verkürzte Garzeit, saftig geblieben!)

Inzwischen habe ich für die Sauce ein Tomatenkonkassee vorbereitet:

4 Tomaten eine Minute in kochendes Wasser legen. Herausnehmen und die Haut abziehen. Die Tomaten vierteln und die Flüssigkeit und alle Kerne herauskratzen.

Das reine Tomatenfleisch in grobe Stücke schneiden. Die Schalotte sehr fein hacken, in Butter leicht anschwitzen lassen, ohne daß sie Farbe annimmt.

Die Tomatenstücke dazugeben sowie 1 Teelöffel Tomatenpüree, eine Prise Zucker, das halbe Lorbeerblatt und die anderen Kräuter. Zirka 15 Minuten leicht köcheln lassen. Die Kräuter und den Knoblauch herausfischen, pfeffern.

Ich empfehle, von diesem Tomatenkonkassee gleich eine größere Menge herzustellen, da es sich gut aufheben läßt. Es rundet auch andere Saucen, vor allem zu Fisch, vorzüglich ab und gibt ihnen eine schöne Frische. Ich nehme die Hühnerstücke aus dem Schmortopf und stelle sie warm. Im Topf bleiben der Bratensaft, vermischt mit Essig und Wein, die garen Zwiebeln und die Karotten-Juliennes. Und auch nicht wenig Hühnerfett. Dieses entferne ich, so gut es geht; zuerst mit einem Saucenlöffel, dann mit saugfähigem Papier. Dann gebe

ich je einen Teelöffel Tomatenpüree und Senf in den Topf, den Hühnerfond und die Sahne. Alles zusammen auf starkem Feuer reduzieren lassen. Abschmecken und gegebenenfalls noch einen Schuß Essig oder Wein oder Sahne angießen. Die Sauce sollte eine sämige Konsistenz und einen kräftigen, säuerlichen Geschmack haben.

Ganz zum Schluß kommt das Tomatenkonkassee hinein, noch einmal kurz aufkochen, frisch im Mörser zerstoßener schwarzer Pfeffer dazu und fertig!

Die Teller richte ich in der Küche an; andernfalls serviere ich die Hühnerstücke und die Sauce zusammen in einer flachen Schüssel. Als Beilage gibt es entweder schmale Bandnudeln oder kleine, junge Kartoffeln.

Was den Wein betrifft, so trinkt man in der Bresse – oder in den benachbarten Regionen – verständlicherweise die Weine Burgunds und des Beaujolais. Zu diesem Huhn in Essigsauce passen sowohl weiße als auch rote Weine; letztere sollten allerdings nicht zu schwer sein. Also Beaujolais, Mercurey und Volnay aus einem mittleren Jahrgang. Anders bei den weißen; da würde ich einen Meursault dem Rully vorziehen und lieber einen Puligny-Montrachet trinken als einen Macon-Villages.

Huhn
mit Morcheln

Poulet au morilles

Das Huhn mit Morcheln ist ein geradezu klassisches Hühnergericht aus den östlichen Landschaften Frankreichs, von wo aus die Schweizer Grenze nicht weit entfernt ist. Denn dort, im schweizerischen und französischen Jura, aber auch in einem Teil Savoyens, wachsen diese seltenen Frühlingspilze.

Sie kommen fast ausschließlich getrocknet auf den Markt, was, wie ich meine, kein Nachteil ist, da sie in diesem Zustand noch mehr Aroma haben als frisch.

Teuer sind sie in jedem Fall. Gute Qualitäten der getrockneten Morcheln (nicht sehr groß, nicht winzig, mit kurzen Stielen) kosten 6 bis 12 Mark pro 20 Gramm, die reichen nur knapp für zwei Portionen. Die Morcheln geben der Sauce, und damit dem ganzen Gericht, den typischen, unverwechselbaren Geschmack. Das Fleisch des Huhns wird zunächst genauso zubereitet wie beim Essighuhn (siehe S. 81):

Huhn in 8 Teile zerschneiden, zum Teil enthäuten, in Butter und Öl anbraten, kleingeschnittene Karotten, Schalotten dazu geben, ohne Brust mit Deckel 15 Minuten schmoren, danach mit Brust ohne Deckel aber mit 1 Glas Weißwein weitere 15 Minuten dünsten. Das ist einfach.

Im Gegensatz dazu verlangen die Morcheln eine feine Zunge und viel Fingerspitzengefühl. Sowie

2 sehr fein gehackte Schalotten
weißen (trockenen) Portwein
Madeira, Cognac
Butter
200 g Sahne

Die Morcheln 24 Stunden in nicht wenig Wasser einwei-
chen. Mehrmals *sehr gründlich* unter fließendem Wasser waschen! Morcheln enthalten Sand, der viel lieber
zwischen den Zähnen der Esser knirscht, als daß er sich
aus den Trockenpilzen herauswaschen ließe. In einer
tiefen Pfanne die Schalotten in der Butter glasig werden
lassen. Die ausgedrückten Morcheln dazugeben. Wenn
das Wasser verdunstet ist, einen Schluck Cognac drü-
bergießen. Danach ein Glas Portwein. Einkochen
lassen.

Nun von dem Einweichwasser der Morcheln vorsichtig
eine Suppenkelle voll abschöpfen; vorsichtig, weil da
Sand auf dem Boden des Gefäßes liegt, der nicht
aufgewirbelt werden darf. Salzen und bei geschlosse-
nem Deckel 30 Minuten (darf auch länger sein) sanft
köcheln lassen. Trockenmorcheln werden unterschiedlich schnell gar. Man muß das probieren (sie dürfen
nicht hart und ledern sein) und darf dann die Sahne
angießen.

Wie immer bei Sahnesaucen, ist das nicht das Ende,
sondern erst der Beginn des letzten, entscheidenden
Aktes. Also die Sahne erst einmal um die Hälfte einkochen lassen. Abschmecken. Sehr warscheinlich muß
jetzt noch ein halbes Glas Portwein hinein, vielleicht
noch etwas Salz (aber kein Pfeffer!).

Mengenangaben zu machen, ist hier unmöglich. Bei
einer Morchelsauce ist das Abschmecken alles. Die
verschiedenen Aromen müssen sich harmonisch verbin-
den, keines darf einseitig hervortreten. Und der
Madeira kommt zuallerletzt dazu. Nicht viel, 1 Eßlöffel
vielleicht, und dann nur noch einmal aufkochen lassen,
damit der Alkohol verfliegt, das Aroma aber bleibt.

Manchmal tut ½ Teelöffel Tomatenmark Wunder, aber sonst bitte keine Experimente!

Ein bißchen Geduld braucht man in jedem Fall, und wenn die Sauce plötzlich zu stark eingekocht ist, kann man getrost wieder mit dem Einweichwasser, dem Port und der Sahne anfangen. Und wohl dem, der einen schönen konzentrierten Kalbsfond zur Verfügung hat! (Der Schmorsaft der Hühnerstücke ist jedoch zu fett.) Wer diese Sauce, die ja nicht von selbst entsteht wie bei manchem Fleischgericht, richtig hinkriegt, der kann sich schon als fortgeschrittene Köchin bezeichnen! Denn die Morcheln geben ihr Aroma nicht so ohne weiteres ab, das will gekonnt sein. Aber der Lohn ist groß: Der Biß auf eine mit Sauce vollgesogene Morchel ist überwältigend!

Ich serviere die Morchelsauce separat zum Fleisch; kein Gemüse, sondern nur schmale Bandnudeln oder Reis oder kleine Kartoffeln. Der Wein sollte rot sein, und da es sich hier eindeutig um einen festlichen Leckerbissen handelt, von edler Herkunft – das heißt, wegen der Herkunft des Rezeptes und der dicken Sahnesauce, ein Burgunder von der Côte d'Or. Und keine Dorflage, sondern ein Premier Cru. Wer für dessen Preis lieber mit der Familie ins Kino geht (Hin- und Rückfahrt inklusive), der kann es mit einem Saint-Joseph aus dem nördlichen Rhônetal versuchen. Wenn Winzer und Jahrgang stimmen, kann der ganz erfreulich sein.

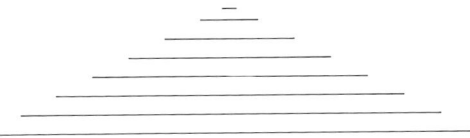

Taubenbrust
mit Safran

Suprême de pigeon valencienne

Daß es sich hier um eine regionale Spezialität handelt, bezweifle ich. Dazu erscheint mir die Verbindung von Taubenfleisch und Safran zu ungewöhnlich, zu raffiniert. Das erinnert eher an die Haute Cuisine, so was denkt sich nur ein ehrgeiziger Koch aus. Bei einem solchen habe ich dieses Gericht auch zum ersten Mal gegessen. Aber da es in Valence war, und mir das Rezept in keiner anderen Landschaft wieder begegnet ist, schlage ich es der Küche des Rhônetals zu, welche in Verbindung mit den lokalen Weinen ohnehin zu jeder Delikatesse fähig ist.

Taubenbrüste rangieren unter den Delikatessen ganz oben. Das Fleisch ist makellos, zart, saftig und hat, im Gegensatz zum Brustfleisch von Hühnern, Fasanen etc., einen kräftigen Eigengeschmack, welcher den der ebenfalls aromatischen Ente an Feinheit weit übertrifft. Mit einem Wort: ein ganz großer Leckerbissen!

Und unglaublich einfach herzustellen. Die beiden Brusthälften werden mit der Haut ausgelöst, kurz gebraten, und fertig. Damit das Gericht jedoch zur

Krönung eines festlichen Essens wird, gehört noch eine Kleinigkeit dazu: die Sauce.

Zu den Tauben ist zu sagen, daß sich die verschiedenen Rassen durch die Größe unterscheiden sowie durch die Farbe des Fleisches. Die ist zwar immer rot, manchmal aber sehr dunkelrot, dann schmeckt es am herzhaftesten. Sind die Tauben sehr groß (zum Beispiel die Bresse-Tauben), genügt eine pro Person, ansonsten dürfen es 3 Tauben für 2 Personen sein. Und wenn es Winzlinge sind wie die wunderbaren Wildtauben, dann esse ich auch zwei Tauben, ohne zu klagen.

Die Zutaten (für 2 Personen):

2 oder 3 Tauben.
je 1 EL kleingeschnittene Karotte, Schalotte,
Lauch (das Weiße davon), Sellerie
125 g Schinkenreste oder Schinkenspeck,
möglichst mager und kräftig geräuchert
1 Zweig Thymian
1 zerdrückte Knoblauchzehe
10 Wacholderbeeren
Safran, Rotwein, Salz und Pfeffer,
Tomatenmark, Zucker

Die Tauben werden ausgenommen, Kopf und Füße abgehackt und die Brusthälften ausgelöst. Mit einem scharfen Messer ist das eine Kleinigkeit: am dünnen, hochstehenden Brustbein entlang einschneiden und dann das gesamte Fleisch mehr abschaben als -schneiden.

Eine Brusthälfte kann so groß sein wie ein Handteller und so dick wie ein Steak. Alles andere, also auch die

Keulen, wird sehr klein gehackt und, zusammen mit Leber und Herz, in ausgelassenem Rauchspeck angebraten. Die Schinkenreste dazugeben (auch Schwarte kann dabei sein).

Wenn Fleisch und Knochenstücke braun sind, auch die Röstgemüse und die Gewürze (ohne den Safran und ohne Salz und Pfeffer) anbraten. Mit einem Glas Rotwein ablöschen. Ein Côte-du-Rhône ist hier nicht nur stilgerecht, er eignet sich für kräftige Saucen sowieso am besten. Einkochen lassen, bis der Wein völlig verdunstet ist. Ein zweites Glas Rotwein angießen, wieder einkochen. Dann mit 1 Liter kaltem Wasser auffüllen (alle Zutaten müssen bedeckt sein) und von der Pfanne in einen Topf umfüllen. Zwei Stunden leicht köcheln lassen. Den aufsteigenden Schaum von Zeit zu Zeit abschöpfen.

Hier entsteht also wieder einmal ein Fond. Tauben, mit ihrem kräftigen Aroma, schaffen das aus eigener Kraft ohne Unterstützung durch vorbereitete Kalbs- oder Hühnerfonds. Nach 2 Stunden den Fond durch ein Haarsieb passieren und stark einkochen. Während des Einkochens habe ich eine Prise Safranpulver oder -fäden in den Fond gegeben, ungefähr eine Messerspitze, mehr nicht.

Der Fond wird durch das Einkochen immer dunkler und kompakter, der Safran hat keine Möglichkeit, die Sauce gelb zu färben. Auch schmeckt er hier ganz anders als in den Sahnesaucen oder Suppen, wo er seinen leicht exotischen Geschmack ungebrochen ausbreiten kann. Hier kann er nicht. Und das macht diese Sauce so raffiniert! Ich gebe noch 3 cm Tomatenmark aus der Tube dazu und eine gute Prise Zucker. Wenn mir die Sauce zu schnell verkocht, gieße ich noch ein Gläschen Wein an.

Der Schinken und der Speck haben nicht nur ihr Aroma an die Sauce abgegeben, sondern auch ihr Fett. Und das muß weg. Deshalb bereite ich den Fond einige Stunden vor dem Essen zu, lasse ihn, nachdem ich ihn durchgesiebt habe, stehen und abkühlen, damit ich die oben aufliegende Fettschicht leicht entfernen kann. Bratfett und ausgekochtes Fett sind nicht gesund.

Die Bruststücke der Tauben werden gesalzen und in halb Butter und halb Öl gebraten. Zuerst 4 Minuten auf der Hautseite, dann die andere Seite 3 Minuten. Verständlicherweise richtet sich die Bratzeit nach der Größe der Bruststücke. Diese gehen beim Braten auf wie Hefekuchen, werden etwas kleiner, aber dicker. Innen müssen sie auf jeden Fall noch rosa sein, dürfen sogar recht rot sein, wie ein Rinderfilet – um so saftiger und zarter ist das Fleisch!

Danach 5 Minuten im warmen Backofen auf vorgewärmten Tellern ruhen lassen, damit das Fleisch sich

wieder entspannt und die Säfte sich verteilen; andernfalls würden sie beim Anschneiden auslaufen.

Die Sauce habe ich zu diesem Zeitpunkt so stark reduziert, daß kaum mehr als ⅛ Liter übrig ist. Jetzt erst salze ich und pfeffere leicht (schwarz, aus der Mühle). Ich nehme sie vom Feuer und rühre mit dem Schneebesen 2 oder 3 Teelöffel eiskalte Butter hinein. Die Sauce (sie gleicht jetzt einem Sirup) gieße ich über das Fleisch, daneben kleine Zuckererbsen – und ich habe mit relativ geringem Aufwand ein Essen von außergewöhnlicher Delikatesse hergestellt.

Daß ich dazu den besten Wein des Rhônetals trinke, einen roten Hermitage, versteht sich von selbst. Aber auch ein Côte-Rotie paßt gut (beide wachsen nördlich von Valence). Diese Weine sollten nicht mehr jung sein. Erst ab 10 Jahren beginnen sie, ihre Prächtigkeit zu entfalten, und mit 20 Jahren sind sie noch längst nicht alt und schwach – ein gutes Jahr und einen guten Winzer vorausgesetzt.

Kalbsbries
in Estragon-
Gemüse-Sauce

Kalbsbries ist teuer aus zwei Gründen. Einmal gibt es davon wenig, nämlich pro Kalb nicht einmal 500 Gramm, zum anderen ist es von den Feinschmecker-Restaurants sehr gefragt.

Bries gehört zu den Innereien, ist also vom Geschmack und von der Konsistenz des üblichen Muskelfleisches sehr weit entfernt. Wollte man das Bries objektiv beschreiben, wäre das Portrait nicht sehr schmeichelhaft: Es sieht aus wie ein überfahrener Tintenfisch, ist blaßrosa, hat eine glibberig-weiche Konsistenz und keinen nennenswerten Eigengeschmack. Wenn es dennoch als große Delikatesse gilt, so sicherlich auch deshalb, weil in der derzeitigen Küchenmode ein Trend zum Extravaganten zu beobachten ist.

Vor allem aber ist es eine Eigenschaft, die das Kalbsbries mit Fisch gemeinsam hat, welche ihm die Sympathie der Köche sichert: Es läßt sich mit unzähligen Saucen und den ungewöhnlichsten Gewürzen kombinieren. Ob Safran oder Portwein, ob Curry oder Champagner, Trüffel, Krebse, foie gras – was immer in der Küche gut und teuer ist, paßt zum Kalbsbries.

Wie alle Innereien sollte Kalbsbries frisch verarbeitet werden. Also beim Metzger vorbestellen, am Schlachttag abholen und gleich verarbeiten.

Ein Bries besteht aus einem halbwegs kompakten Teil, der Nuß, und losem Geschlabber. Die Nuß reicht gerade für zwei bis drei Personen (vier, wenn es ein Vorgericht ist wie hier). Der erste Arbeitsgang heißt: wässern. Mindestens drei Stunden in häufig erneuertem, am besten unter fließend kaltem Wasser, damit mögliche Blutreste herausgewaschen werden und das Bries schön weiß wird.

Danach: blanchieren. Ungefähr 6 bis 10 Minuten in sprudelnd kochendem, kräftig gesalzenem Wasser, dem ein Schuß Essig beigefügt wurde. Zerteilen Sie das Bries schon vor dem Blanchieren in drei oder vier Teile; so gart es gleichmäßiger an. Danach herausnehmen, in kaltem Wasser abschrecken und parieren.

Diese Arbeit ist etwas mühsam. Denn die jetzt aufgeblasenen, weißlichen Fleischklumpen sind nicht nur von dünnen Häuten umgeben, sie sind auch von Sehnen und Nerven durchzogen und haben außerdem noch kleine Fettstellen. All das und die schlabbrigen Kleinteile müssen sorgfältig weggeschnitten werden – oder das Bries ist nicht sauber pariert!

Damit die Fleischfasern sich beim späteren Dünsten nicht zusammenziehen können, müssen sie gebrochen, das heißt, das Bries muß gepreßt werden. Dazu lege ich es unter ein Brettchen, welches ich mit einem Eisentopf beschwere.

Einige Stunden lasse ich es nun stehen. Danach hat sich die Nuß in ein flaches, gleichmäßig dickes Stück (oder mehrere Stücke) Fleisch verwandelt.

So beginnt jedes Rezept für Kalbsbries.

Von nun an gibt es Variationen in Hülle und Fülle. Es ist immer ratsam, Bries mit Gemüse zu dünsten. Oder mit Pilzen. Man kann Bries auch braten; aber damit beraubt man es seiner wichtigsten Eigenschaften, seiner Zartheit und seiner Fähigkeit, wunderbare Saucen zu bilden. Es nimmt Gewürze und Aromen widerstandslos an und verhält sich passiv gegenüber allen Zumutungen des Kochs. Außerdem ist Bries ein Alkoholiker. Denn nach meinen Erfahrungen braucht es immer einen Wein zum Mit- und Verkochen.

Da Kalbsbries keinen Charakter hat, dafür eine willkommene Anpassungsfähigkeit, gibt es kein ›bestes‹ Briesrezept. Hier ist eine Version, die vor allem für Feinschmecker interessant sein wird, die Bries aus ästhetischen Gründen bisher abgelehnt haben.

Sie haben also Ihr Bries blanchiert, gepreßt und pariert. Die drei oder vier Einzelteile, die Sie da vor sich liegen haben, schneiden Sie in fingerdünne Schnitzel. Ich denke dabei an die zarten Finger der Hausfrau, nicht an den Daumen des Geldzählers. Sie werden entdecken, daß das Bries trotz des Blanchierens innen noch ziemlich roh ist. Das soll so sein.

Für drei oder vier Personen brauchen Sie jetzt folgende Gemüse:

1 Stange Lauch
1 große Karotte
1 kleine Zwiebel
1 eigroßes Stück Sellerie
Estragon, getrocknet und frisch, in großen Mengen
Weißwein, Sherry, Zitrone, Sahne, Senf

Lauch, Karotte, Zwiebel und Sellerie in möglichst kleine Partikel schneiden (nicht hacken!), wobei es auf die Schönheit nicht ankommt, da später alles püriert wird. Mit 1 Eßlöffel Butter lassen Sie diese Gemüse angehen, schütten ein Glas Weißwein an (trockener Weißwein von der fruchtigen Sorte), aber auch einen guten Schuß Sherry, welcher, auch wenn ›dry‹ auf der Flasche steht, immer noch eine gewisse fruchtige Süße ans Gemüse bringt. Dazu kommt dann der Estragon. Estragon ist ein sehr kompliziertes Gewürz, weil es verschiedene Abarten gibt. Einige, nein, die meisten, schmecken nach Gras. Gärtner werden wissen, was ich meine.

Der Normalkonsument, der kaufen muß,was er auf dem Markt findet, hat da eventuell Probleme. Deshalb hier, wie meistens, zusätzlich der getrocknete Estragon, auf dessen Geschmack man sich verlassen kann. Wieviel? Nun, sehr viel! Er soll beim fertigen Gericht deutlich durchschmecken.

Die gemischten Gemüse also in Butter und Wein fast gar dünsten, was in zirka 8 bis 10 Minuten der Fall sein wird. Dann legen Sie die Briesschnitten hinein. Die werden erfahrungsgemäß nicht größer sein als 10 mal 4 Zentimeter. Jetzt zugedeckt auf kleiner Flamme noch einmal etwa 10 Minuten dünsten lassen.

Ich setze voraus, daß Sie die Gemüsemischung vorher abgeschmeckt haben, mit Salz und Pfeffer aus der Mühle (schwarz oder weiß – ist egal), und daß die Flüssigkeit (Gemüsesaft plus Wein) nicht zu sehr eingekocht ist.

Nach zehn Minuten sind die Briesschnitten gar: Nicht durch und durch, was bedeuten würde, daß sie trocken sein würden, aber auch nicht mehr halbroh (ergo gummiartig), sondern zart und saftig. Ist nicht schwierig, weil Bries nicht schlagartig (wie Fisch) die Unschuld der saftigen Frische verliert.

Soweit, so gut. Fischen Sie die Briesschnitten aus dem Gemüse; warmstellen.

Das Gemüse wird nun püriert. Ob im Mixer oder mit dem Schnetzelstab, ist gleichgültig. Es verwandelt sich in beiden Fällen in eine hellgrüne Pampe, Püree genannt. Als Sauce kann man das noch nicht bezeichnen, dazu ist es zu dick.

Deshalb gieße ich nun Sahne an, süße Sahne. Vielleicht ⅛ Liter, vielleicht sogar das Doppelte. Allerdings nicht auf einmal. Sondern ich schmecke ab und entscheide, was auch noch reingehört: Senf (½ bis 1 Teelöffel), Zitronensaft (mindestens von ½ Zitrone), mehr Salz und Pfeffer, vielleicht noch etwas zerriebener Estragon...

Wahrscheinlich ist die Sauce immer noch mehr ein Püree, also gebe ich ihr noch ein halbes Glas Wein zu trinken. Oder/und 1 Eßlöffel Sherry. Wer kann das voraussagen!

Dies ist wie immer der wichtigste, entscheidende Prozeß, der mit noch so genauen Maßangaben nicht in den Griff zu kriegen ist.

Wenn er gelingt (und schiefgehen kann hier eigentlich wenig), erhalte ich eine hellgrüne, sehr sämige, sahnige Sauce mit deutlichem Estragonaroma und mit einer betont säuerlichen Note.

Hat die Verfeinerung der Sauce lange gedauert und sind die Briesschnitten inzwischen nicht mehr heiß, können Sie sie in dieser Sauce wieder aufwärmen. Dadurch überziehen sie sich zwar bis zur Unkenntlichkeit mit einer hellgrünen Schicht; aber auch nackt und sauber haben sie ja – machen wir uns da nichts vor – nicht ausgesehen wie Marilyn Monroe. Mancher Esser, der bei dieser Gelegenheit zum ersten Mal Kalbsbries vorgesetzt bekommt, wird für diese Maskierung sogar dankbar sein.

Unbefleckte Briesstücke würde ich auf dem Teller mit der Sauce nur umgeben, nicht begießen. Und eine Beilage dazu ist schwer vorstellbar. Reis ist nur denkbar, wenn man der westlichen Unsitte folgt und ihn mit

Sauce vermischt. Ich mag das nicht. Deshalb gibt es dazu – nichts.

Damit ist klar: Mein Kalbsbries ist ein Bestandteil eines Menüs. Doch unter den unzähligen Möglichkeiten, Kalbsbries zuzubereiten, gibt es mehrere, die es in ein komplettes, sättigendes Tellergericht verwandeln. Wer erst einmal anfängt, sich mit Kalbsbries zu beschäftigen, wird mit dem Experimentieren so leicht nicht aufhören wollen.

Schließlich ist Kalbsbries auch für den Weinfreund eine Herausforderung. Jede Version verlangt einen anderen Wein. Wenn das kein Grund ist...

Kalbsragout

Blanquette de veau

Die deutsch-österreichische Vorliebe für das Kalbs-schnitzel teilen die Franzosen nicht. Sie bevorzugen vom Kalb die Innereien, vor allem Bries und Nieren, dann den Rücken am Stück und als Kotelett. Da Madame aber nicht nur an Monsieur le Gourmet denkt, sondern auch an die Haushaltskasse, gehört die Kalbs-*brust* zu den häufigen Kalbsgerichten.

Das klassische Blanquette de veau ist ein schönes Bei-spiel für die bürgerliche Küche. Die Reinheit des Eigen-geschmacks wirkt hier fast altmodisch, während die Leichtigkeit des Essens unseren modernen Ansichten entgegenkommt. Die klassische Version ist übrigens nicht ganz so leicht, da wird mit Mehlbutter und Eigelb gearbeitet. Aber das läßt sich ja leicht umgehen.

Kalbsbrust wird bei unseren Metzgern anders geschnit-ten als in Frankreich. Deshalb verlange ich ausdrücklich vom dicken Ende der Brust (und nicht das Fleisch mit den Rippenknochen). 1 Kilo für 4 Personen.

Auch dieses Fleisch ist nicht ganz astrein. Doch sind hier die Äste keine Knochen, sondern Knorpel, weißliche Halbknochen, sozusagen. Die sollen auch drin sein im Fleisch; denn sie stärken die Sauce. Erst wenn er das Fleisch abgewogen hat, sage ich dem Metzger, er möge es für ein Ragout in große Stücke schneiden. So vermeide ich, daß er mir ein Stück vom Hals oder von der Schulter aufschwatzt. (Was auch geeignet ist, aber nicht für dieses Rezept.)

Zu Hause bekämpfe ich meinen Drang, die Fleischstücke sorgfältig von den Häuten und vom Fett zu befreien (was ein deutscher Metzger ja nie macht). Hier wäre es unklug.

Denn gerade beim Kalb sind diese Dinge für die Sauce unentbehrlich. Tatsächlich handelt es sich beim Blanquette de veau um nichts anderes als um ein Kalbsfrikassee. Entgegen der üblichen Zubereitungsart (andünsten, fertigschmoren) werden hier die Fleischstücke jedoch gekocht.

Dadurch wird das Essen leichter und das Fleisch, weil ich die Kochtemperatur ja viel besser kontrollieren kann als beim Schmoren, zarter.

Zunächst wird es jedoch blanchiert. Also Wasser aufsetzen, salzen und sprudelnd kochen lassen. Die Fleischstücke hinein und eine Minute blanchieren. Abgießen. Jetzt sind die Poren geschlossen, das Fleisch bleibt saftig. Ich bereite folgende Gemüse vor:

das Weiße einer dicken Stange Lauch
1 große Karotte, beides der Länge nach halbieren
1 große Zwiebel schälen und in 8 Stücke schneiden
1 Stück Sellerie, so groß wie ein Finger

Dies zusammen mit den Fleischstücken in einen Kochtopf legen. Dazu kommen folgende Gewürze:

1 TL Salz
6 zerdrückte weiße Pfefferkörner
1 Lorbeerblatt
8 Nelken
1 Zweig Thymian
3 ungeschälte, zerdrückte Knoblauchzehen

Mit kaltem Wasser aufsetzen und langsam zum Kochen bringen. Langsam ist überhaupt von jetzt an das Schlüsselwort. Richtig kochen darf das Fleisch nie, nur leise simmern. Das ist entscheidend für das Resultat. Die Garzeit beträgt ungefähr 1½ Stunden. Anfangs kann etwas Schaum zur Oberfläche hochsteigen, den schöpfe ich ab.

Während der Garzeit bereite ich folgendes vor: Pro Person 6 Schalotten oder kleine runde Zwiebeln enthäuten.

Pro Person 50 Gramm geputzte Champignons in Stücke schneiden und in Butter scharf anbraten, salzen, mit Zitronensaft beträufeln und mit Sahne ablöschen. Diese Champignons kommen erst ganz zum Schluß zum Fleisch, wenn alles andere bereits fertig ist.

Früher, nämlich nach 1 Stunde Kochzeit, werfe ich die Schalotten, bzw. die Zwiebelchen, in den Kochtopf. Die sollen zwar gar werden, nicht aber zerfallen, deshalb dürfen sie nicht so lange kochen wie das Fleisch. Ich rechne damit, daß sie gleichzeitig mit dem Fleisch gar werden.

Dessen Garzeit hängt leider auch von der Fleischqualität ab. War es frisch geschlachtet, braucht es länger (und kann trotz großer Sorgfalt beim Kochen faserig werden).

Wenn das Fleisch gar ist, fische ich es zusammen mit den Schalotten heraus und stelle beides in einer Servierschüssel warm. Das Fleisch kommt aber zunächst unters Messer: all die Häute, Knorpel und Fettstellen, die ich absichtlich drangelassen habe, werden jetzt abgeschnitten. Nun gieße ich vom Kochwasser durch ein Sieb ungefähr die Hälfte in eine Kasserolle und lasse es auf starkem Feuer einkochen – die Geburt der Sauce beginnt. Ideal ist es, wenn ich einen Kalbsfond zur Verfügung habe; er erleichtert die Verfeinerung sehr.

Wenn ich jetzt die Brühe probiere, schmecken die Nelken ziemlich deutlich hervor, und das sollen sie auch, das ist das spezifische Aroma dieses Gerichts. Ich gebe den Saft einer halben Zitrone dazu und ¼ Liter Sahne. Weiter reduzieren. Abschmecken, wahrscheinlich etwas pfeffern, vielleicht auch nachsalzen, vielleicht

noch mehr Sahne, vielleicht ein Schuß trockener Vermouth – also das übliche Saucenfinish der letzten Minuten.

Jetzt erst die Champignons hinein, nochmals abschmecken, und fertig. Die Sauce ist sehr hellbraun und sämig. Darüber hinaus ist sie von so zartem Aroma, daß man sie mit dem Eßlöffel essen möchte. Über die Fleischstücke und Schalotten gießen und servieren. Dazu gibt es Salzkartoffeln oder Reis. Als zusätzliche Gemüse empfehlen sich geschmorte Salatherzen oder Grilltomaten. Muß aber nicht sein; schließlich sind ja die Champignons und die Schalotten Gemüse genug.

Was sein muß, ist ein Wein. Wie oft bei weißem Fleisch und hellen Saucen, kann es hier sowohl ein Rot- als auch ein Weißwein sein. Wenn rot, dann leicht und fruchtig (Beaujolais, Chinon, Bourgeuil); wenn weiß, dann kräftig und trocken (Pouilly-Fumé, Macon-Villages, Rully, Tokay d'Alsace, Côte-du-Rhône blanc, Châteauneuf-du-Pape blanc). Von den deutschen Weißweinen paßt am besten eine trockene Grauburgunder Spätlese (Ruländer).

Die
Andouillette

In Paris gibt es eine Vereinigung, die nur zu dem Zweck gegründet worden ist, die authentische und einzig richtige Zubereitung der Andouillette zu propagieren und zu überwachen. Auch wenn dieser Club einen eher spaßigen Zuschnitt hat, ist es den Mitgliedern mit ihrem Engagement ernst. Daraus geht einmal hervor, daß die Andouillette mehr ist als ein deftiges Produkt der Primitivküche; daß sie für nicht wenige Gourmets sogar ein Kultobjekt ist. Und es geht daraus hervor, daß sie ganz offensichtlich nicht überall »authentisch und auf die einzig richtige Art« zubereitet wird.

Sagen wir es so: Das liegt weniger an der Zubereitung als an den Herstellern dieser prekären Delikatesse. Wie es sich bei dem Ursprung der grauen Würste versteht, ist bei der Herstellung die Sauberkeit oberstes Gebot. Nicht gründlich genug gewaschen, und der Inhalt verrät aufs deutlichste seine Herkunft. Das jedoch nicht schon im Laden, sondern erst in der Pfanne, im Topf. Und wer das einmal erlebt hat, der tippt sich an die Stirn, wenn ihm wieder einmal jemand von der Köstlichkeit der Andouillettes vorschwärmt.

Da die ungenügende Beseitigung der Herkunftsmerkmale so oft vorkommt und da ich in vielen ländlichen Kneipen erlebt habe, wie die ziemlich übel riechenden Würste von den Gästen nicht nur widerspruchslos, sondern offensichtlich mit Genuß gegessen wurden, wird es wohl so sein, daß über den authentischen Geschmack einer Andouillette verschiedene Auffassungen existieren. Manche mögen's penetrant.

Dies zur Warnung, damit sich niemand beschwert, wenn er nach dem ersten Schnitt in eine Andouillette fluchtartig die Kneipe verläßt. Ich esse sie fast nur bei mir zu Hause. Nun kenne ich einige Produzenten, deren Andouillettes so sind, wie ich sie mag (Reynon in Lyon, Besson in Belleville sur Saône). Ihre Würste kaufe ich in Frankreich und bringe sie mit. Meistens sind sie in Folie eingeschweißt und halten sich entsprechend lange (bis zu 1 Monat).

Erfahrungsgemäß sind auch die als Andouillette de Troyes angebotenen Darmwürste immer gut; wahrscheinlich stammen sie von ein und demselben Großproduzenten. Man erkennt sie daran, daß 12 Stück in einer Schachtel in Gelee liegen. Panierte Andouillettes mag ich nicht, da sie voraussetzen, daß man sie in der Pfanne brät. Dagegen spricht meine Erfahrung, daß eine Andouillette am besten schmeckt, wenn sie in Weißwein gedünstet wird. Das geht so:

Pro Person brauche ich eine. Sie ist ungefähr 15 Zentimeter lang und vier Zentimeter dick. Ihr Anblick kann eine Klosterschwester in Panik versetzen. In einer Pfanne lasse ich Butter heiß werden. Darin werden die Würste von allen Seiten vorsichtig angebraten, bis sie leicht gebräunt sind. Dann gebe ich (eventuell neue Butter!) sehr fein gehackte Schalotten dazu, pro Wurst ca. 1 gehäuften Teelöffel. Leicht anschwitzen lassen, aber aufpassen, daß die Schalotten nicht braun werden! Und die Butter auch nicht! Mit trockenem Weißwein ablöschen.

Dieser Wein sollte ziemlich sauer sein, aber nicht fruchtig. Also kein Riesling. Eher ein Wein aus Savoyen, ein einfacher Burgunder oder ein Muscadet. Inzwischen habe ich den Backofen vorgeheizt. Die Würste lege ich in einen Schmortopf, der so groß ist, daß sie alle nebeneinander darin Platz haben. Mit zusätzlichem Weißwein soweit auffüllen, daß nur noch das oberste Drittel der Würste aus der Flüssigkeit herausragt.

Wenig salzen, etwas pfeffern und ohne Deckel in den Ofen stellen. Dort müssen sie jetzt bei mäßiger Hitze ungefähr 30 bis 40 Minuten garen.

Während dieser Zeit passiert leider fast immer etwas, das ich eigentlich vermeiden möchte: die Andouillettes platzen. Ich weiß auch nicht, was ich dagegen tun kann. Natürlich steche ich sie vorher mit der Gabel ein; natürlich habe ich die Ofenhitze soweit heruntergeschaltet, daß der Wein nur schwach köchelt – dennoch platzen neun von zehn. Manche zerfallen dabei völlig, andere verlieren bloß die Haut. Das ist nicht schön. Aber letzten Endes ändert es am Geschmack nichts. Die Sauce wird dadurch sogar noch besser. Und sie ist normalerweise schon sehr gut. Ach, was sage ich: sie ist ein Traum von einer Sauce, unvergleichbar, und gewiß ein wichtiger Grund, daß ich diese Sorte Wurst hier empfehle.

Erfahrene Hausfrauen wissen, daß die weißen Teile der Tiere (Kalbsbries, Kutteln, Nieren, Hühnerklein usw.) sowieso fast automatisch eine gute Sauce produzieren; und ein Darm gehört auch dazu. Vor allem wegen dieser Sauce ziehe ich die gedünsteten Andouillettes den gegrillten oder gebratenen vor.

Damit sie so wird, wie ich sie liebe, drehe ich die Andouillette alle fünf Minuten in ihrem Schmortopf herum. So löst sich die an der Oberfläche entstehende Bratkruste im Wein wieder auf. Etwas Zitronensaft kann jetzt schon in den Wein, und sollte letzterer zu schnell verkochen, dann kann auch schon ein Guß

Sahne nicht schaden. Denn das sind die Zutaten, die zum Schluß noch gebraucht werden:

süße Sahne
Zitrone, Senf

Nach mindestens 25, höchstens 40 Minuten, wenn die Andouillettes gar sind, nehme ich die Würste – oder die Trümmer der Würste – heraus und stelle den Topf auf den Ofen und vervollständige auf starkem Feuer die Sauce. Also vor allem Sahne hinein, reduzieren lassen. 1 bis 2 Teelöffel Senf dazu. Vielleicht noch einige Tropfen Zitronensaft. Und wahrscheinlich noch Salz und Pfeffer.

Weil die Sauce irgendwie fast von selbst entsteht, muß hier nicht so präzise gearbeitet werden wie sonst. Sie wird wunderbar sämig und hat eine schöne, sahnige Säure, und es kann gar nicht genug davon sein! Denn dazu serviere ich mehlige Salzkartoffeln, was sonst.

Muß ich sagen, daß das unwiderstehlich schmeckt? Muß ich darauf aufmerksam machen, daß auch die feinste Andouillette nicht gerade leichte Kost ist? Und daß es immer Zeitgenossen geben wird, die nach dem ersten Bissen verzweifelt nach dem Ausgang schielen? Sie ist eben etwas Besonderes, diese merkwürdige Speise, und, auch in ihrer besten Form, gewiß nicht jedermanns Sache. Doch wir, die wir sie lieben, wir fahren für sie meilenweit. Der passende Wein dazu ist der, in der die Würste gedünstet wurden. Rotweinfreunde sollten einen kühlen Fleurie oder Moulin-à-vent probieren. Oder einen fruchtigen Volnay. Und Andouillette-Novizen wird ein abschließender Marc-de-Bourgogne nicht schaden.

Burgundischer Rinderschmorbraten

Boeuf à la mode

Der klassische Rinderschmorbraten ist selten geworden auf den Tischen der Familien. Die reichliche Freizeit wird auch von Madame und Monsieur immer häufiger für andere Dinge benutzt als zum aufwendigen Kochen. Und ein Boeuf à la mode kocht man nicht mal so eben zwischen dem Ausflug aufs Land und dem Denver Clan. Das braucht Zeit; und ein bißchen Mühe macht es auch. Aber nach wie vor ist ein Schmorbraten der Inbegriff für ein bürgerliches Sonntagsessen.

Dabei kommen alle Sinne auf ihre Kosten. Der Duft ist verführerisch, die Sauce unwiderstehlich, und das Fleisch beweist, daß vom Rind nicht nur das Filet eßbar ist. Der rote Burgunder, der dazu getrunken wird, kann endlich einmal seinen Minderwertigkeitskomplex gegenüber dem Bordeaux loswerden: Hier schmeckt er einfach besser.

Ein Boeuf à la mode ist ein Essen für die Familie; für weniger als vier Personen lohnt sich seine Zubereitung nicht. Sie lohnt auch nicht, wenn man keinen erstklassigen Metzger hat, der nicht nur ein Rinderfilet lange abhängen läßt, sondern auch das Fleisch aus der Keule. Denn ein frisch geschlachtetes Stück Rindfleisch verwandelt sich nicht in einen butterzarten Braten.

Zutaten (für 6 Personen):

2 kg Rindfleisch (Blume, Rose)
24 Schalotten
600 g Karotten
2 enthäutete Tomaten
1 großer, zerhackter Kalbsknochen
fetter Speck zum Spicken
100 g geräuchterter Schinkenspeck, gewürfelt
100 g Butter
das Weiße einer Lauchstange
1 Lorbeerblatt
Rinderbouillon, Schweineschmalz
1 eigroßes Stück Sellerie, Thymian
½ Tasse Cognac

Für die Marinade:

1 Flasche kräftiger Rotwein
(Burgunder; Côte-du-Rhône; Dôle)
2 in Scheiben geschnittene Zwiebeln
1 gewürfelte Karotte
3 zerbröselte Lorbeerblätter
1 TL getrockneter Thymian
4 Knoblauchzehen

Da das Schmorfleisch sehr mager ist, muß es gespickt werden. Dazu schneide ich den fetten Speck in Streifen und wälze sie in einer Mischung aus Salz und gemahlenem Pfeffer; je nach Geschmack kann auch durchgepreßter Knoblauch dabei sein. Mit Hilfe einer Spicknadel ziehe ich die Speckstreifen ins Fleisch ein, und zwar parallel zur Fleischfaser, damit die möglichst nicht verletzt wird, was Saftverlust zur Folge hätte.

Das gespickte Fleisch reibe ich gründlich mit schwarzem Pfeffer ein, den ich im Mörser zerstoßen habe, und lege es in die Marinade, entweder über Nacht in den Kühlschrank oder 6 Stunden bei Zimmertemperatur. Es kann sein, daß der Rotwein das Fleisch nicht richtig bedeckt, dann muß eben eine zweite Flasche dran glauben. Und damit es überall mit der Marinade in Berührung kommt, wird das Fleisch häufig gewendet. Nach dem Herausnehmen sorgfältig trocken tupfen.

In einer großen Pfanne das Schweineschmalz heiß werden lassen und das Fleisch darin von allen Seiten anbraten, bis es rundum schön braun ist. Während des Anbratens salzen. Mit der Hälfte des Cognacs übergießen und flambieren. Dabei die Pfanne schütteln und den restlichen Cognac zugießen. Das Fleisch aus der Pfanne nehmen und den Bodensatz mit etwas Marinade ablöschen und loskratzen.

In einem Schmortopf, der nicht viel größer als das Stück Fleisch sein darf, wird in heißer Butter das Gemüse aus der Marinade angedünstet. Das Fleisch, der Kalbsknochen, die Schwinkenwürfel und die Tomaten sowie die anderen Zutaten (außer Schalotten und Karotten) dazu legen. Mit dem abgelöschten Bratensatz, der Marinade und, wenn nötig, noch etwas Bouillon auffüllen, bis das Fleisch fast bedeckt ist. Den Topf verschließen und im Backofen bei 110 Grad vier Stunden garen lassen.

Ganz wichtig ist hier wieder einmal die Temperatur. Sie sollte die Brühe nur so eben zum gelegentlichen Blubbern bringen; schon ständiges Köcheln wäre zu heiß. Nur so bleibt die Brühe (die spätere Sauce) klar, und nur so vermeide ich, daß der Braten auslaugt und trocken wird. Das Fleisch soll schließlich so weich sein, daß man es fast mit dem Löffel zerteilen kann.

Inzwischen habe ich die Schalotten und die Karotten vorbereitet, die diesem Braten als Garnitur dienen. Schalotten und Karotten werden geschält, letztere zusätzlich in kurze, ½ cm dicke Stücke geschnitten. Nacheinander in einer Pfanne in reichlich Butter angehen lassen. Die Karotten zuerst, die nur leicht angeschwitzt werden, danach die Schalotten, welche in der Butter ein wenig Farbe annehmen dürfen. Mit Bouillon ablöschen, salzen und eine Prise Zucker zugeben und

gemeinsam, zuerst zugedeckt, dann bei offener Pfanne (oder Kasserolle) gar dünsten. Wenn sie gar sind, großzügig mit gehackter Petersilie bestreuen. Diese Gemüse werden rund um den Braten garniert.

Noch aber ist es nicht soweit. Der Braten ist zwar fertig, nicht aber die Sauce. Die gewinne ich, indem ich die Schmorflüssigkeit durch ein Sieb in einen relativ schmalen Topf gieße (das Fleisch wird derweil warm gestellt) und alle Gemüsereste kräftig ausdrücke, bevor ich sie wegwerfe. Schmal soll der Topf sein, weil das an der Oberfläche sich deutlich absetzende Fett leichter abgeschöpft werden kann, als wenn es wie ein dünner Film darauf schwimmt. Denn wie immer gehört das Brat- bzw. Schmorfett nicht in die Sauce. (Vollständig läßt es sich jetzt, wo der Schmorsaft noch warm ist, sowieso nicht entfernen.)

Der entfettete Fond wird auf großer Flamme bis auf ein Viertel seiner ursprünglichen Menge eingekocht, wodurch er sich in eine prächtige und kräftige Sauce verwandelt. Dabei häufig abschmecken mit Pfeffer und Salz, vielleicht auch Tomatenmark, vielleicht auch etwas Senf. Also die übliche, unvermeidliche Prozedur, ohne die keine Sauce wirklich gelingt.

Als Beilage serviere ich ein Kartoffelgratin oder junge Pellkartoffeln, welche in Butter geschwenkt und mit Petersilie bestreut werden.

Der passende Wein ist natürlich ein roter Burgunder, ein Charmes-Chambertin, ein Vosne-Romanée oder ein Nuits-St-Georges, möglichst zehn Jahre alt und von einer selbstabfüllenden Domaine. Dann – wage ich zu behaupten – wird der zurückgestellte Ausflug aufs Land und der versäumte Denver Clan nicht bedauert.

Der klassische Lammrücken

Carré d'agneau

Superlative hinsichtlich des Wohlgeschmacks und des Ranges einer Speise sind fragwürdig. Der individuelle Geschmack ist zu verschieden, als daß ein bestimmtes Gericht für sich beanspruchen könnte, es sei die Krönung ´der französischen (der deutschen, der italienischen) Küche.

Erst recht nicht, wenn es sich einerseits um Lammfleisch handelt, andererseits um deutsche Esser, die von dessen außergewöhnlicher Delikatesse überzeugt werden sollen. Deshalb nur so viel: *für mich* ist ein Lammkarree der Inbegriff der feinen Küche – und sei es nur deshalb, weil ein Lammkarree unbestritten die passendste Gelegenheit ist, um den besten Bordeaux aus dem Keller zu holen.

Lamm gilt in allen französischen Provinzen als das Beste vom Besten und ist entsprechend teuer. Die besten Lämmer weiden auf den kräuterbewachsenen Hängen

der Provençe (agneau de Sisteron) oder auf den Salzwiesen am Atlantik (agneau de Pauillac). Aber auch die bei uns angebotenen Lämmer sind nicht schlecht – solange niemand auf die Idee kommt, sie in einer Tiefkühltruhe zu suchen.

Die Zubereitung eines Lammkarrees ist kein Kunststück. Wenn bloß unsere Metzger etwas mehr vom guten Essen verstünden! Man muß diesen Unterschied einmal gesehen haben, wie so ein *carré* in einer Pariser Metzgerei angeboten wird – und wie bei uns! Es ist zum Heulen …

Mit Lammkarree bezeichnet man den Rücken des Lamms. Genau gesagt, den längs geteilten Rücken, also eine Kotelettreihe aus der Rückenmitte, wo die Knochen lang und schmal aus dem Fleisch herausschauen. Jedenfalls tun sie das bei französischen Metzgern. Hier muß ich das alles selber machen. Den Metzger bitte ich allerdings, daß er mir das Rückgrat des Lamms, bzw. das halbierte Rückgrat, welches an der Breitseite der Koteletts entlangläuft, weghackt. So kann ich später zwischen den Kotelettknochen hindurch schneiden und das Fleisch tranchieren, woran mich der Rückenknochen hindern würde.

Pro Person brauche ich ein Rückenstück, das mindestens 3 Rippenknochen lang ist. Eine Rückenseite vom Lamm reicht deshalb höchstens für drei Personen. Will ich für vier kochen, lasse ich mir zwei Stücke à 6 oder 7 Knochen geben. Zu Hause schneide ich die äußere Haut ab und nehme auch von dem darunter sitzenden Fett so viel weg, daß auf dem Fleisch nur noch eine dünne Fettschicht verbleibt. Dann schneide ich die auf den äußeren Rippenknochen sitzenden Fleischlappen ab.

Zusammen mit anderem Lammfleisch ist das gut für ein Ragout, ansonsten freut sich die Katz. Die Rippenknochen werden mit einem scharfen Messer vollständig frei geschabt, so daß sie nackt und kahl 4 Zentimeter aus dem eigentlichen Kotelettstück herausragen. Das war die ganze Arbeit.

Ich schneide die dünne Fettschicht kreuzweise mit dem Messer ein, reibe sie mit Salz ein und lege das Rückenstück mit der Fettseite nach unten in den auf 250 Grad vorgeheizten Ofen, das heißt, in eine ebenfalls vorgeheizte, passende und eingeölte Bratform.

Nach 15 Minuten herausnehmen und eventuell ausgelassenes Fett abgießen. In die Bratform 1 zerschnittene Tomate, 1 Sträußchen Thymian und eine geviertelte Schalotte legen sowie, je nach Geschmack, mehrere ganze Knoblauchzehen. 2 Eßlöffel Olivenöl dazu und das Rückenstück (oder die beiden Stücke) darauf legen, diesmal mit der Fettseite nach oben. Noch einmal salzen, pfeffern und weitere 15 Minuten bei starker Hitze braten lassen. Das genügt eigentlich schon.

Das Fleisch muß nun allerdings noch fast 10 Minuten bei offener Ofentür und abgeschaltetem Ofen in der Wärme ruhen, damit es sich entspannt und die Säfte sich verteilen. Bei dieser relativ kurzen Bratzeit bleibt es innen garantiert noch rosa. Durchgebraten wäre es grau und saftlos. Die Zartheit und gleichzeitige Festigkeit des Lammrückens ist unvergleichlich; seine Bekömmlichkeit weitaus größer als bei anderem Fleisch: Ein wahres Festessen, zu dem der bereits erwähnte edle Bordeaux der ideale Begleiter ist.

Mit ein wenig mehr Mühe läßt sich so ein *carré d'agneau* auch noch verfeinern. Dazu mache ich ein Gemisch aus geriebenem, altem Weißbrot und sehr viel gehackter Petersilie und etwas durchgedrücktem Knoblauch, welches ich mit zerlassener Butter binde. Das fertig gebratene Lammkarree bestreiche ich mit Senf und montiere darauf die Brot-Petersilie-Masse. Unter starker Oberhitze oder unter dem Grill kurz überkrusten...

Ein *carré d'agneau* ist ein klassisches Gericht der französischen Sonntagsküche, und ebenso klassisch sind die Beilagen dazu: haricots verts und ein gratin dauphinois. Die feinen, dünnen grünen Bohnen gibt es inzwischen auch bei uns (das Kochwasser extrem stark salzen, da sie in der kurzen Garzeit von ca. 8 Minuten sonst keinen Geschmack annehmen!), und wie ein Kartoffelgratin gemacht wird, habe ich oft genug erklärt (siehe Seite 37) – also keine Hemmungen vor dem küchenfranzösischen Superlativ!

Der Kuchen
zum Wein

Der erste Schritt in westliche Richtung führt die meisten Küchentouristen ins Elsaß, und der erste Eindruck ist immer überwältigend. Das Schöne an der elsässischen Küche ist, daß dieser Eindruck nicht schwächer wird, daß unser Tourist auch zehn Jahre später immer wieder besonders gern im Elsaß einkehrt. Obwohl (oder weil?) die elsässische Küche der deutschen nicht so fern steht. Hier wie dort die notorische Vorliebe fürs Sauerkraut, für sahnige Saucen, Kartoffeleintöpfe und Weißweine. Der Unterschied besteht, wieder einmal, in der Qualität der Zutaten: Hier Margarine, dort Süßrahmbutter, hier das Himmlische Moseltröpfchen, dort der Riesling Kaefferkopf.

Von den vielen elsässischen Spezialitäten beeindruckt mich immer wieder aufs neue die geniale Erfindung, mit den Mitteln der Bäckerei ein familienfreundliches Gebilde herzustellen, das in Wirklichkeit ein Alibi für das Trinken von Gewürztraminer ist: der Gugelhupf. Jeder ahnungslose deutsche Kuchenfreund wird diesen typischen Napfkuchen für etwas halten, das sich die Familie nachmittags zum Kaffee einverleibt. Das geschieht auch, gewiß. Aber der Feinschmecker ißt einen Gugelhupf morgens um 11 Uhr, trinkt dazu eine Flasche Gewürztraminer und geht dann, an Leib und Seele gestärkt, erwartungsvoll zu Tisch.

Die nicht gerade alltägliche Kombination von Kuchen und Wein wird hier möglich, weil der Gugelhupf nur ganz schwach gesüßt ist, der Gewürztraminer seinerseits wenig Säure, dafür aber eine großartige Fruchtigkeit mit etwas Restsüße besitzt. Die beiden ergänzen sich so wundervoll, daß man glauben möchte, sie seien vom selben Genie erfunden worden.

Der Gugelhupf ist ein Hefekuchen, der in der Napfkuchenform gebacken wird. Er ist (sollte sein) außen hellgelb wie die Sonne, innen sehr locker und luftig, und er wird mit folgenden Zutaten gebacken:

500 g Mehl
75 g Zucker, 10 g Salz
200 g Butter
2 Eier
200 g Milch
1 Würfel Hefe (42 g)
80 g helle Rosinen
50 g gehobelte Mandeln

Die Hälfte der Milch leicht erwärmen und darin die Hefe auflösen. Mit wenig Mehl und 1 Teelöffel Zucker zu einem sämigen Teig verrühren und an einen mäßig warmen Platz stellen, damit das Gemisch auf das Doppelte seiner ursprünglichen Menge aufgeht. Währenddessen vermische ich das übrige Mehl, den Zucker, die Eier, das Salz, die restliche Milch – und knete alles gut durch, entweder mit der Hand oder dem Rührwerk. Ich erwärme die Butter, so daß ich sie mühelos einarbeiten kann. Noch einmal gründlich durchkneten, bis sich der Teig leicht von den Händen löst. Das Hefegemisch einarbeiten, wieder durchkneten und den Teigklumpen auf dem Boden einer großen Schüssel zusammenpressen. Mit einem Tuch bedecken und an einen warmen Platz stellen, wo er in Ruhe aufgehen kann. Das wird eine Stunde oder länger dauern.

Inzwischen habe ich die Rosinen in warmem Wasser quellen lassen und abgetrocknet. Ist der Teig schön groß geworden, nehme ich ihn aus der Schüssel, schlage ihn zusammen und knete gleichzeitig die Rosinen hinein. Dann buttere ich die Backform gut aus und bestreue die Innenseiten mit den gehobelten Mandeln. Dahinein den Teig geben, der die Form gerade zur Hälfte ausfüllt. Wieder mit dem Tuch bedecken und noch einmal aufgehen lassen, bis der Teig das Tuch erreicht hat. In den auf 210 Grad vorgeheizten Backofen schieben (ohne Tuch, natürlich) und 45 Minuten backen lassen. Der mundwässernde Duft, der nach einer halben Stunde die Wohnung zu füllen beginnt, ist der erste Hinweis auf den kommenden Genuß. Sollte die Oberfläche des Kuchens (die spätere Unterseite) vorzeitig braun werden, wird sie mit einer Alufolie abgedeckt;

denn braun soll der Gugelhupf an keiner Stelle werden. Kurz abkühlen, und dann kann der Kuchen aus der Form gekippt werden. Mit Puderzucker bestäuben.

Sein Anblick ist überwältigend, und er muß nicht völlig abkühlen, bevor ich ihn anschneide. Die Flasche Gewürztraminer habe ich zu diesem Zeitpunkt bereits entkorkt. Wie alles Hefegebäck schmeckt der Gugelhupf frisch am besten. Doch die Gefahr, daß er alt werden könnte, besteht sowieso nicht. Dafür ist er zu lecker.

Orangen-Soufflé

Soufflé Grand-Marnier

Ich weiß nicht, ob sich viele Französinnen furchtlos an ein Soufflé wagen. Soufflés haben den Ruf, kompliziert zu sein. Ich weiß nur: Wenn Madame ein Soufflé macht, tut sie es häufig. Denn wer vermeiden will, daß ihm sein Soufflé mißrät, der muß es regelmäßig machen. Und wer es regelmäßig macht, wird feststellen, daß es gar nicht schwer ist, sondern sogar ziemlich einfach. Nur, wie gesagt, die Übung muß man haben.

Man muß seinen Ofen kennen, sich nicht scheuen, den Eierschnee mit der Hand zu schlagen und jenes Selbstbewußtsein gegenüber dem sensiblen Schaumgebilde haben, welches sich darin ausdrückt, daß man es in Angriff nimmt, als wäre es eine banale Quarkspeise. Dann ist es wirklich kein Kunststück.

Das Schwierigste ist wahrscheinlich, ungespritzte Orangen aufzutreiben, ohne deren Schale das Soufflé ähnlich verfälscht würde wie eine Tomatensauce aus Tomatenpüree. Dabei brauche ich nur wenig: 1 Orange genügt für 4 Portionen. Die äußerste Schicht der gewaschenen Schale wird abgerieben, das ergibt 1 bis 2 Eßlöffel.

Was an einem Soufflé so tückisch ist, das wissen auch jene, die es nie ausprobiert haben: Kaum holt man es aus dem Ofen heraus, fällt es zusammen. So die allgemeine Vorstellung, und die ist in der Tat geeignet, es erst gar nicht zu versuchen. Früher hat man der Eiermasse eine stabilisierende Mehlcreme beigegeben, die *crème patissier*. Da die aber im Soufflé nicht weniger qualitätsmindernd wirkt als eine Mehlschwitze in der Bratensauce, kommt sie in der modernen Küche nicht in Frage. Dafür gibt es ein Weinstein genanntes weißes Pulver, das in Apotheken erhältlich ist (es handelt sich, wie beim

Vitamin C, um eine Säure in Pulverform), welches eine ebenfalls stabilisierende Wirkung hat; eine Messerspitze davon ersetzt das Mehl.

Ich habe es früher selbst verwendet. Doch weiß ich eine einfachere Lösung: Kleine Portionsformen anstelle einer großen, die gesamte Masse aufnehmenden Schüssel.

In einer kleinen, feuerfesten Porzellanform mit geraden Wänden (12 oder 13 Zentimeter Durchmesser) ist die Statik einfach besser; da muß schon ein kalter Wind durch die Küche wehen, um das Soufflé zum Einsturz zu bringen.

Es bleibt also nur der lästige Umstand, daß man ein Soufflé nicht vorbereiten kann. Wer es seinen Gästen an den Tisch bringen will, muß nach dem Hauptgang in die Küche und noch eine Viertelstunde arbeiten, worauf es noch einmal fast eine halbe Stunde dauert, bis das Soufflé auf den Tisch kommt. Das ist nicht jedermanns Vorstellung von einem gemütlichen Essen. Doch das Resultat ist schon ein kleiner Triumph!

Für 4 Portionen brauche ich:

7 Eiweiß
5 Eigelb
100 g Zucker
½ Weinglas Grand-Marnier
2 EL geriebene Orangenschale
Butter, Puderzucker

Grand-Marnier ist ein Orangenlikör; es gibt ihn mit rotem und schwarzem Etikett. Zum Kochen nehme ich die rote Version. Zuerst präpariere ich die Formen. Sie werden gut ausgebuttert und mit Zucker ausgestreut. Dann trenne ich die Eiweiß vom Eigelb. Letzteres wird wie bei einer Sabayon im Wasserbad zusammen mit dem Zucker, den ich nach und nach dazugebe, cremig geschlagen. Das macht wenig Mühe. Nur aufpassen, daß das Wasser nicht zu heiß wird, das Eigelb könnte stocken! Eine halbkugelige Konditorschüssel, in einen mit wenig siedendem Wasser gefüllten Kochtopf gehängt, eignet sich am besten. Wenn sich der Zucker im Eigelb aufgelöst hat und die Masse durch ständiges Rühren cremig und hell geworden ist, gieße ich den Likör hinzu und verrühre auch die geriebene Orangenschale.

Den Topf (oder die Konditorschüssel) herausnehmen und in Eiswasser stellen. Weiterrühren bis die Masse erkaltet ist.

Danach den Eierschnee so steif schlagen, daß er feste Spitzen bildet. Das kann man mit dem Rührgerät machen, gewiß. Aber besser wird's mit dem Schneebesen in einer Kupferschüssel. (Irgend etwas Chemisches passiert und erhöht die Festigkeit). Das ist der Punkt, wo sich die Qualitätsfanatiker zu erkennen geben. Ich kann nur sagen, daß in den besten Profiküchen immer mit der Hand geschlagen wird; und wenn Madame ehrgeizig ist, macht sie es auch so. Übrigens gehört eine Prise Salz ins Eiweiß.

Ist es also fest und steif, verrühre ich davon 1 Eßlöffel mit der Eigelbmasse, damit sie etwas weniger dick wird, und hebe mit einem Spachtel das restliche Eiweiß *vorsichtig* darunter. Vorsichtig deshalb, weil es bei gründlichem Verrühren seine Festigkeit wieder verlieren würde. Nun in die Porzellanformen schütten, so daß diese nur zu zwei Dritteln gefüllt sind; denn im Ofen geht die Masse ja auf!

Diesen habe ich auf 250 Grad vorgeheizt, die Formen stelle ich auf den mittleren Rost und reduziere die Hitze um 30 Grad. (Diese Temperaturangaben sind, wie immer, Erfahrungswerte, die auf meinen derzeitigen Herd zutreffen, für andere Herde also nicht sehr verbindlich). Nach ungefähr 20 Minuten sind die Soufflés hoch aufgegangen und an der Oberfläche hell- bis mittelbraun.

Dann raus mit ihnen, durch ein Sieb mit Puderzucker bestreuen und auf den Tisch bringen. Innen müssen sie noch ziemlich feucht sein. Wer jetzt am Tisch nicht staunt, der muß schon sehr blasiert sein; und wem das nicht köstlich schmeckt, der wird nicht mehr eingeladen.

Trinken läßt sich zu diesem Soufflé Grand-Marnier auch Wein. Der muß natürlich süß sein: ein Sauternes oder ein Gewürztraminer mit deutlicher Restsüße (oder eine entsprechende deutsche Beerenauslese).

Mousse-au-chocolat

Möglicherweise ist die *mousse-au-chocolat* der Bestandteil der französischen Küche, welcher bei uns am populärsten ist. Verständlich, denn sie ist so lecker, daß Kinder wie Erwachsene, Männer wie Frauen, Kranke wie Gesunde, sie mit gargantualischem Appetit verschlingen. Außerdem ist sie leicht herzustellen.

Es gibt unzählige Variationen der Zubereitung, von süß und fett bis schaumig und luftig. Meine Version ist in der Mitte angesiedelt und reicht für 6 Personen:

2 Eier
8 Eigelb
140 g Zucker
600 g Sahne
300 g Bitterschokolade
1½ EL Pulverkaffee (Espresso)
3 EL Cognac

Entscheidend für den Geschmack ist die Qualität der Schokolade. Es darf keine Kochschokolade sein, sondern eine bittere von der feinsten Sorte mit mindestens 60% Kakaoanteil. Die Schokolade wird in Stücke gebrochen und in einem Topf mit schwerem Boden auf schwacher Hitze zum Schmelzen gebracht. Ab und zu rühren. In einem Wasserbad werden die Eigelb, die ganzen Eier und der Zucker miteinander verrührt und so lange geschlagen, bis der Zucker sich aufgelöst hat und die Masse schaumig und cremig wird.

Den Pulverkaffee im Cognac auflösen und in die Eiercreme schütten, dann die dickflüssige Schokolade unterrühren. Die Sahne steif schlagen und ebenfalls unterziehen.

Es empfiehlt sich, die Sahne frühzeitig zu schlagen, damit das Vermischen schnell vonstatten geht. In eine Servierschüssel füllen und einige Stunden im Kühlschrank fest werden lassen. Der Löffel, mit dem die Mousse später serviert wird, muß in heißes Wasser getaucht werden; nur so lassen sich glatte und wohlgeformte Portionen herausstechen.

Man kann – muß aber nicht – ungesüßte, dicke Sahne (crème double) dazu servieren. Oder, weil die Kombination so delikat ist, eine Orangenbutter: Orangengelee warm machen, bis er flüssig ist, und kalte Butterstückchen einrühren. Man kann – muß aber nicht – die Mousse nur halb aufessen und die andere Hälfte aufheben für den nächsten Tag.

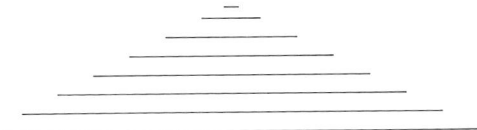

Die Torte
als Dessert

Der elementare Unterschied zwischen verfeinerten Eßgewohnheiten und dem Vollstopfen des Bauches wird deutlich bei der Konstruktion und der Bestimmung der Torten. Dort, wo es voluminöse, mehrstökkige Kalorienbomben sind, die am Nachmittag zum Kaffee verdrückt werden, dort ist es mit der Eßkultur nicht weit her. Was muß das für ein armseliges Mittagessen sein, wenn es die Esser schon drei Stunden später wieder nach Buttercreme-, Marzipan- und Sahnetorten gelüstet!

Dort jedoch, wo kulinarische Sehnsüchte nicht unbedingt auf die Wurst- und Schinkenberge schlaraffischer Freßzentren gerichtet sind, dort ist die Torte ein integrierter Bestandteil mehrgängiger Menüs: die Torte als Dessert.

Letzteres bedeutet nicht mehr und nicht weniger, als daß Kaffeehaustanten wie auch die Gäste von Kindergeburtstagen solche Torten nicht so toll finden. Da klebt kein Zucker, da türmt sich keine Schlagsahne, da tropft keine Creme.

Wenn ich jetzt darlege, wie die Torte als Dessert in meiner Vorstellung aussieht, mag das auf den ersten Blick ein wenig simpel klingen: ein Mürbeteig mit Obst belegt; ein Schokoladenkuchen mit Rum. Simpel ist auch die Herstellung; aber das ist ja kein Nachteil.

Was nun die erste Torte angeht, so ist sie nichts anderes als die klassische Apfeltorte der französischen Küche, die unter dem Namen *Tarte Normande* bekannt ist; bekannt auch deshalb, weil sie so dünn ist. Sie sollte es jedenfalls sein, weil das die erste Voraussetzung für eine Dessert-Torte ist: so dünn wie möglich! Der Teigboden nicht einmal ½ Zentimeter dick!

Tarte Normande

An Zutaten brauche ich:

150 g Mehl
1 gehäufter EL Puderzucker
75 g salzige Butter
1 Eigelb

Zuerst das Mehl aufs Backbrett häufeln, mit der gewür-
felten Butter, dem Eigelb und dem Zucker mit den
Fingern zu einem Teig verkneten. Sollte er so trocken
sein, daß er sich nicht formen läßt, mit einigen Tropfen
Wasser befeuchten. Zur Kugel formen und 1 bis 2
Stunden ruhen lassen.
Einen Tortenring von 26 Zentimeter Durchmesser auf
ein Backblech legen, welches mit Pergamentpapier aus-
gelegt ist. Solche Tortenringe sind praktischer als die bei
uns üblichen kompakten Tortenformen, weil sich der
extrem dünne Teigboden leichter freilegen läßt. Den
vorbereiteten Teig 3 Millimeter dick ausrollen (nicht
dicker!), ums Nudelholz wickeln und auf dem Tortenring abrollen. Die überhängenden Teigränder mit dem
Nudelholz abschneiden, den Teig innen an den Rand
des Rings drücken. Auf dem untersten Einschub des
Backofens bei 180 Grad 10 bis 15 Minuten vorbacken.
So unbestimmt diese Zeitangabe ist, so unverbindlich
auch die Temperatur. Sie hängt von der Qualität des
Ofens ab. Der Teig sollte jedenfalls in dieser Zeit nicht
braun werden, sondern nur so eben etwas Farbe annehmen. Herausnehmen und eventuell aufgeworfene Blasen mit der Gabel einstechen. Das macht man beim
Blindbacken normalerweise vorher, beim rohen Teig.
Aber wenn der so dünn ist wie hier, kann es passieren,

daß sich die Einstiche durchs Backen vergrößern, und später den Obstsäften als unvorhergesehenen Ausgang dienen.

Inzwischen habe ich 3 große Äpfel geschält, geviertelt und in 3 Millimeter dünne Halbmonde geschnitten. Die lege ich jetzt sehr sorgfältig (damit es auch schön aussieht) wie Dachziegel im Kreis auf den Tortenboden. Mit den Äpfeln haben wir häufig Probleme. Die Massenzüchtung hat auch beim Obst zu Einheitsprodukten geführt, die zwar formvollendet sind und keine Flecken haben. Aber oft genug mangelt es ihnen an Säure. Außerdem müssen sie fest, nicht mehlig sein.

Die fehlende Säure ersetze ich, indem ich die Apfelscheiben vor dem Auslegen mit Zitronensaft beträufele. Dann brauche ich aber auch etwas mehr Zucker, vielleicht einen gehäuften Eßlöffel. Der wird einfach über die ausgelegten Äpfel gestreut, darüber mit einem Pinsel flüssige Butter gestrichen, und das Backblech kommt wieder in den Ofen. Diesmal wird allerdings nicht unten, sondern im obersten Drittel gebacken, zirka 30 Minuten. Nur wenig abkühlen lassen, mit Calvados begießen und warm servieren.

Bei der klassischen Version werden die Äpfel nicht mit Zucker bestreut, sondern nach dem Backen mit Aprikosenmarmelade oder Apfelgelee dünn bestrichen. Ist auch lecker. Und wenn Marmelade bzw. Gelee bereits vor dem Backen aufgestrichen werden, geschieht auch kein Unglück. Die Marmelade hat auch eine schützende Aufgabe: sie verhindert, daß die Äpfel trocken werden. Jedenfalls ist diese Apfeltorte mit ihrer Gesamthöhe von knapp 1 Zentimeter ein Dessert, das auch nach einem ausgiebigen Menü noch jeden Esser entzücken wird.

Nicht zuletzt, weil ich dazu einen Sauternes oder eine der deutschen Beerenauslesen serviere, deren Restzuckergehalt sich in erträglichen Grenzen hält.

Schokoladenkuchen
(Gateau Berbelle)

Ähnlich dünn, ähnlich elegant und genauso ideal für ein Dessert ist folgender Schokoladenkuchen. Ich brauche dazu:

140 g Butter
120 g Zucker
90 g Mehl
1 Tafel Zartbitterschokolade
3 Eier
200 g Sahne
2½ EL weißer Rum
2 EL gestiftelte Mandeln

Die Butter, der Zucker und die Eigelb werden schaumig gerührt, der Rum dazugegeben. In einer kleinen Kasserolle mit schwerem Boden lasse ich auf schwachem Feuer die Schokolade schmelzen und achte darauf, daß sie nicht anbrennt. Ist sie flüssig, gieße ich sie in die Eigelb-Butter und verrühre alles gründlich. Durch ein Sieb streue ich das Mehl auf die Masse und verrühre auch dies. Nun schlage ich die 3 Eiweiß sehr steif. Perfektionisten machen das mit dem Schneebesen in einer halbrunden Kupferschüssel, da bekommt der Eierschnee eine luftigere und gleichzeitig festere Konsistenz als mit dem Elektrorührer in der Plastikschüssel. Vom steifen Eierschnee nehme ich 2 Eßlöffel und rühre sie unter den Teig, damit er geschmeidig wird. Den Rest

hebe ich sorgfältig unter, ohne den Eierschnee wieder
zu zerstören. Nehme ich eine Springform, buttere ich
sie aus, andernfalls wird das Papier unter dem Tortenring – der diesmal nur einen Durchmesser von 18
Zentimeter hat – mit Butter eingestrichen.

Im vorgeheizten Ofen, auf dem mittleren Rost, ungefähr 15 Minuten backen, dann die Mandeln über den
Kuchen streuen und weitere 20 Minuten backen lassen.
Diesmal ist der Kuchen dicker, ungefähr 2½ Zentimeter, und auch das ist ja vergleichsweise dünn.

Wie delikat er ist, das sollte man aber erst einen Tag
später überprüfen. Denn der Gateau Berbelle schmeckt
am besten, wenn er, in eine Alufolie eingewickelt,
zunächst 24 Stunden (oder sogar noch länger) durchzie-
hen kann. Vor dem Servieren bestreiche ich ihn dünn
mit der leicht gesüßten und geschlagenen Sahne: weit
abgeschlagen humpeln da die Kalorienbomben aus der
Konditorei übers Feld.

Register

Pellkartoffeln 122
Pipérade (s. Baskische
  Gemüsepfanne)
Portwein 18 f., 88 f.
Pouilly-Fumé 110
Poulet au vinaigre (s. Essig-
  huhn)
Provençalisches Gemüsegratin
  27–31
Puligny-Montrachet 71, 86

Riesling 53, 65, 130
Rinderschmorbraten 117–122
Rotbarsch 42 f., 47
Rotweinessig 26
Rotweinsauce 11–15
Rousette de Savoie 53
Ruländer Spätlese 26, 110
Rully 110

Sabayon 45–47, 138
Safran 25, 71, 91–96
Safransabayon 45–47
Saibling 49–53
Saint-Joseph 90
Sauce Beaujolais (s. Rotwein-
  sauce)
Sauce Hollandaise 64, 65
Sauternes 139, 149
Schalotten 60, 61, 108 f., 113,
  126
Schalottenbutter 60, 61

Schokoladenkuchen 149 f.
Seezunge in Gewürztraminer
  63–65
Seyssel 53
Sherry 100
Sherryessig 26
Soufflé Grand-Marnier
(s. Orangen-Soufflé)
Spinat 46 f.
Steinpilze 39

Tarte Normande 147 ff.
Taubenbrust 91–96
Tokay d'Alsace 110
Tomaten 28, 30
Tomatenkonkassee 71, 83–85
Torten 146–150

Verlorene Eier 11–14
Vermouth 71
Vin jaune 26
Volnay 86, 115
Vosne-Romanée 122

Weißburgunder 53
Wildfond 80

›Y‹ 61

Zuckererbsen 96
Zwiebelgemüse, glasiert 21–26

HEYNE KOCHBÜCHER

Internationale Meisterköche im Wilhelm Heyne Verlag

ECKART WITZIGMANN
Meine hundert Hausrezepte

Mit 32 Farbfotos von Johann Willsberger

07/4588

ECKART WITZIGMANN
Meisterwerke aus der Drei-Sterne-Küche

Meine Tantris-Rezepte

07/4460

PAUL BOCUSE
Die Neue Küche

Die Rezepte des Königs der Köche

07/4277

GASTON & SYLVIE LENÔTRE
Das Buch vom Ei

Die 140 schönsten Eierrezepte

07/4600

HEINZ WINKLER
Drei-Sterne-Küche für zu Hause

MEISTERWERKE AUS DER EIGENEN KÜCHE

07/4556

PAUL & JEAN-PIERRE HAEBERLIN
Meisterküche im Elsaß

DIE AUBERGE DE L'ILL

07/4413

Agnes Ambergs Kochbuch

180 ihrer besten Rezepte

Internationale Kreationen der Zürcher Meisterköchin

MIT 40 FARBFOTOS VON REINHART WOLF

07/4566

AGNES AMBERG
Köstlichkeiten ohne Fisch & Fleisch

07/4610

Wilhelm Heyne Verlag München